AF241014

AYMÉ CÉCYL.

HISTOIRE

DU ROYAUME

DE BOIS-BELLE

Ouvrage approuvé

PAR Mgr L'ARCHEVÊQUE DE BOURGES.

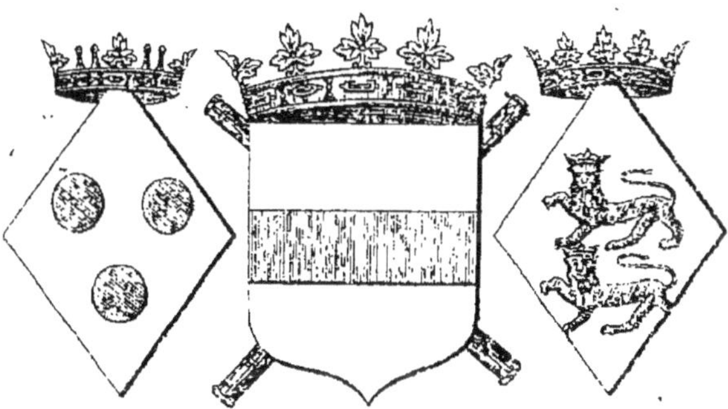

PARIS.	BOURGES
Charles DOUNIOL,	E. PIGELET,
Libraire, Éditeur,	Imprimeur-Libraire,
Rue de Tournon, 29.	rue des Arènes, 33.

1865.

HISTOIRE

ROYAUME DE BOIS-BELLE

Par AYMÉ CÉCYL.

PARIS.	BOURGES.
Charles DOUNIOL,	E. PIGELET,
Libraire, Éditeur,	Imprimeur-Libraire,
Rue de Tournon, 29.	rue des Arènes, 33.

1863

A MONSEIGNEUR

Le Prince de LA TOUR D'AUVERGNE LAURAGUAIS,

ARCHEVÊQUE DE BOURGES.

MONSEIGNEUR,

Voulez-vous bien accepter l'humble hommage de ce livre, et permettre à son faible mérite de se faire un appui de votre bienveillance ?

J'eusse désiré, en écrivant ces pages, les rendre dignes du motif qui me les a inspirées; j'aurais aussi voulu ne point rester au-dessous de l'honneur que vous daignez leur faire. Si donc, en cette occasion, le talent m'a fait défaut, j'espère que, comme le public, vous voudrez bien, Monseigneur, ne voir dans leur contenu que l'expression de ma bonne volonté à me montrer utile.

AYMÉ CÉCYL.

CHARLES-AMABLE DE LA TOUR D'AUVERGNE LAURAGUAIS

Par la miséricorde divine et la grâce du saint Siége apostolique, Patriarche,
Archevêque de Bourges, Primat des Aquitaines, etc.

Vu le rapport qui nous a été fait par la Commission chargée de l'examen des livres, sur un ouvrage intitulé : *Histoire du royaume de Bois-Belle* ;

Attendu qu'il résulte de ce rapport que cet ouvrage ne renferme rien de contraire à la foi ni aux mœurs, et qu'il contient des recherches qui peuvent offrir de l'intérêt ;

Nous en autorisons l'impression.

Donné à Bourges, en notre Palais archiépiscopal, sous notre seing, le sceau de nos armes et le contre-seing de notre Secrétaire particulier, le 19 mars 1863.

† C.-A., ARCHEVÊQUE DE BOURGES.

Par mandement de Monseigneur :

C.-F. DRUON,

Chan. hon., Secrétaire particulier.

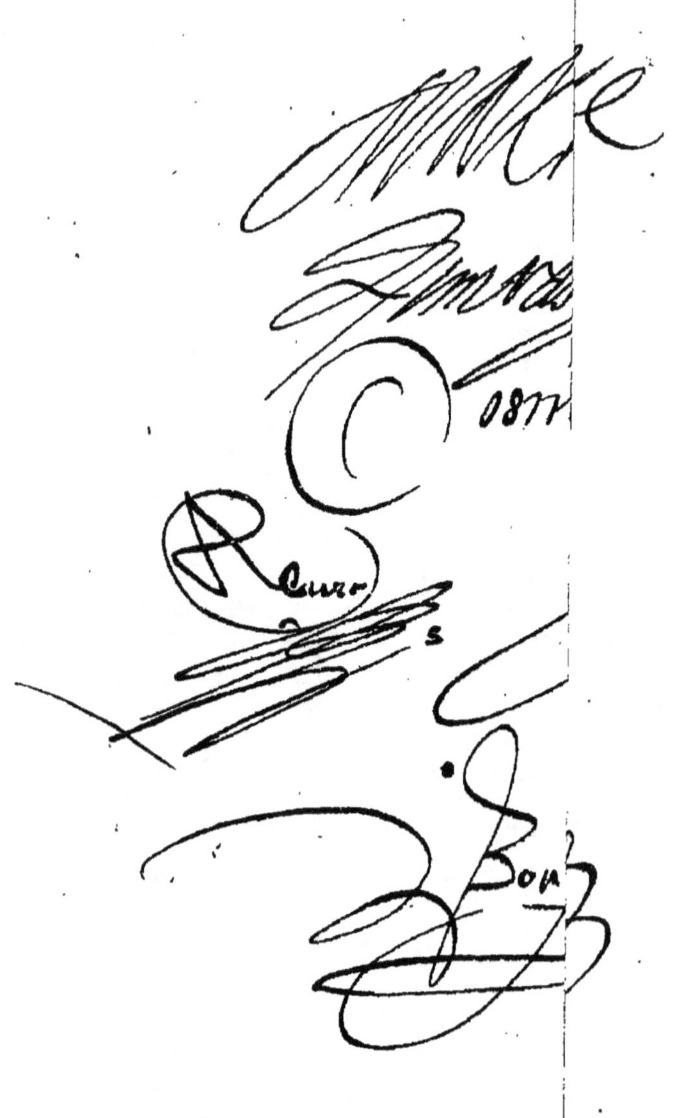

Signatures de Sully, de (...rts de Blois)
Hugues Cosnier, Entrepreneu... ...rarché pour
la construction de la Ville d'

Signatures de Sully, de Lemareschal, (ancien député du Berry aux états de Blois) Hugues Cosnier, Entrepreneur du Canal de Briare, &c., apposées au bas du marché pour la construction de la Ville d'Henrichemont (Cher) 24 Déc. 1608. (Archives du Cher).

HISTOIRE

ROYAUME DE BOIS-BELLE.

CHAPITRE I.

Que de gens, en voyant le titre de ce livre, s'écrieront que cette histoire commence par un conte, attendu que s'il avait existé un royaume de Bois-Belle, si petit qu'il pût être, on en aurait ouï parler : témoin, celui d'Ivetot !

Il est vrai que, pour être connue de la génération présente, il a manqué à la souveraineté de Bois-Belle d'avoir inspiré la muse railleuse d'un grand chansonnier ; il est aussi vrai d'ajouter qu'à part les lettres de la princesse Marie d'Albret, qui font mention de cette principauté comme d'un État dont elle possédait le gouvernement, en 1534, personne n'a donné, ni avant, ni après cette date, la qualification de royaume à ce petit coin de terre berruyer qui s'est conservé Gaule ou plutôt Bois-Belle, depuis les temps les plus reculés de la constitution française jusqu'au règne de notre roi Louis XV, dit le Bien-Aimé, lequel acquit cette principauté à la France.

Mais, me demanderez-vous, qu'étaient donc alors les habitants de Bois-Belle, s'ils ne devinrent point Français en même temps que les autres peuples de la Gaule? Sont-ils restés, après la conquête des Franks, Celtes, Romains ou Visigoths?

A cela, je répondrai qu'à l'époque où les nationalités de ces différents peuples vinrent se fondre dans lagrande confédération des Franks et constituer plus tard, par leur agglomération, la monarchie des rois chevelus, Bois-Belle est resté Bois-Belle, quelque chose comme les républiques de Saint-Marin et du val d'Andorre, un franc-alleu noble ne reconnaissant aucun seigneur supérieur, ainsi que l'exprime, en son encontre, notre vieil historien du Berry, Thomas de La Thaumassière, en son chapitre XXVIIIe de son excellente histoire. Un passage du *Traité du franc-alleu*, par le même auteur, dit « qu'en deçà de la Loire, il prévalait cette maxime : qu'il n'existait nul seigneur sans titre, contrairement au nord de la France, où l'on disait : « Nulle terre sans sei-« gneur. » Eh bien! les seigneurs de Bois Belle n'ont jamais possédé aucun autre titre que celui de souverains de cette principauté ; ils n'ont joui d'aucune autre prérogative dans icelle que de l'autorité qui se conférait à tous les gouverneurs ; ils n'ont jamais perçu d'autre subside sur les habitants de la principauté que celui qui provenait des redevances de leur domaine particulier dans ce petit État.

Sous Sully, Henrichemont paya un léger impôt de gabelle, mais, avant cette époque et de temps immémorial, les habitants de la principauté de Bois-Belle ont été exempts de milice, de subsides pour le fait de la guerre, de tailles, d'aides, de droit de timbre, contrôle, etc., généralement de toutes charges qu'on puisse imaginer (1).

La qualification de seigneur de Bois-Belle n'apparaissant dans les actes publics qu'au xiie siècle, il doit être permis de supposer que de toute ancienneté Bois-Belle a conservé ses franchises, tant par la valeur de ses habitants que par les efforts de sa municipalité. L'État s'est gouverné longtemps par ses propres lois, puisque les seigneurs de Bois-Belle, en prenant le titre de souverains de la principauté, ont prétendu ne tenir leurs droits *que de Dieu et de leur épée;* que, d'une autre part, il n'a jamais été dé-

---

(1) « Les seigneurs de Bois-Belle ont joui de cette terre à titre de principauté souveraine avec les prérogatives, prééminences, avantages et droits dont jouissent les seigneurs souverains. Ils n'ont fait la foi et hommage au roi, ni au duc de Berry, ni à aucun autre seigneur. Ils ont fait exercer sous leur nom la justice souveraine sur les habitants et sujets, sans qu'ils aient été distraits de la juridiction de leurs officiers et qu'ils se soient pourvus par appel ou autrement, tant en matière civile que criminelle, en aucune cour du royaume contre les jugements rendus de la souveraineté. Ils ont fait battre monnaie; ils ont octroyé des lettres de grâce de tout genre, pardon, rémission et abolition. Les ecclésiastiques ne payaient même pas le décime ou don gratuit. » (Pièces du procès de la famille de Sully, déposée au Conseil d'état.)

montré dans aucun acte qu'ils eussent reçu ces droits par succession ou propriété primitive, et que ces mêmes droits se résumaient seulement dans l'honneur du gouvernement, « cet État de jouissance de droits spéciaux et singuliers, priviléges dont la prescription s'est toujours affranchie *de l'injure du temps et de la malice des hommes,* » ainsi qu'il est exprimé dans un mémoire imprimé en 1770 et signé Bellormeau (1).

Les habitants de Bois-Belle, n'étant pas les sujets du roi de France, ne lui payaient, par conséquent, aucun impôt ; ils n'en devaient pas davantage à leur propre seigneur, pas même celui du sang, étant exempts de milice. Certes, la conservation de telles immunités et franchises par une poignée d'hommes, et cela dans un pays situé au centre d'un État soumis tout entier au régime serf et féodal, est un de ces faits rares qu'on ne trouve pas deux fois non-seulement dans les annales berruyères, mais encore dans l'histoire de France. Il

(1) Les titres employés dans ce mémoire sont joints à une requête présentée au conseil du roi, en 1770.

mérite donc, sous ce rapport, les honneurs de l'analyse, et celle-ci offrira, je l'espère, dans le cours de ce récit, plus d'un motif d'intérêt.

Tous les historiens qui ont eu jusqu'ici à mentionner en quelques lignes l'abodialité de la terre de Bois-Belle, ont répété à l'envi cette présomption avancée par Guy Coquille, et dont la forme naïve et charmante, en séduisant l'esprit, l'empêche de rechercher si le fond de cette opinion peut être controuvé : « Ainsi qu'il advient, dit l'auteur nivernais, qu'un petit oiseau s'échappe plus aisément des prises du grand oiseau de proie, Bois-Belle, par sa modicité et sa couverture de bois, situé en pays peu fructueux, a échappé aux mailles du grand réseau féodal. » Ceci n'est pas tout à fait juste. Bois-Belle ne doit pas seulement à sa misère le bienfait de l'oubli et celui de sa liberté. A l'époque où vivait Guy Coquille, et surtout en remontant aux premiers temps de la monarchie franke, Bois-Belle n'était pas, comme terrain peu fructueux, une exception dans notre pays à peine défriché ; l'agriculture y était encore réduite à l'état d'enfance ; sauf le voisinage

des vieilles villes gallo-romaines ou les alentours des habitations plus récemment construites, le pays n'offrait, en général, que
l'aspect de vastes solitudes boisées, entrecoupées par des landes et des bruyères qui
croissaient sur les flancs de quelques collines,
tandis que les bas-fonds, qui n'étaient, pour
la plupart, que des marais impraticables, ne
produisaient que des joncs ou d'autres plantes
inutiles. Mais à mesure que les habitations
se multiplièrent dans le pays, on abattit les
bois, on canalisa les sources; les terrains
flottant au milieu des eaux s'assainirent;
d'autres formèrent des étangs. Les environs
de ces réservoirs poissonneux devinrent des
champs fertiles. Bois-Belle a suivi, avec le
pays entier, ces phases de progression agricole, et il est bien prouvé que son fonds de
terre n'a jamais été aussi chétif que celui
d'un grand nombre de châtellenies, baronnies et fiefs du bas Berry et du Bourbonnais dont les habitants, soumis à la
glèbe, payaient des redevances à leurs
seigneurs, tandis que ceux de Bois-Belle
étaient exempts de toute taille. La Brenne,
les terres d'Épineuil et de Culan, surtout

celle d'Épineuil, tenue souvent en simple fief par le souverain de Bois-Belle, peuvent servir d'exemple et venir à l'appui de cette assertion que la richesse actuelle des terres de l'ancien fief Pot vient corroborer.

Considérez d'ailleurs que de l'aire du grand oiseau de proie, c'est-à-dire du sein de la féodalité, il est sorti plus d'un enfant vorace. Les serres des barons féodaux, qui ont attaqué, déchiré et presque réduit à un seul lambeau le fief de la couronne de France, accrochaient tout ce qu'elles pouvaient atteindre. Donc, si la liberté de Bois-Belle a échappé à leurs meurtrissures, c'est qu'évidemment ils ont trouvé de la résistance dans les atteintes qu'ils ont voulu y porter, et peut-être bien aussi qu'alors, comme le dit Guy Coquille, n'ayant pas trouvé qu'il y eût assez à profiter en cette terre pour en poursuivre la conquête, les fiers barons ont abandonné l'honneur de la soumettre. Ceci peut être vrai ; cependant il peut aussi exister d'autres causes à l'état de neutralité et de liberté qui s'est conservé pur dans Bois-Belle, tandis qu'autour du pays tout était en servage. Ces causes ne sont écrites en termes formels ni dans les annales particulières du pays, ni dans celles de ses souverains; mais il est cependant facile de s'en former une première induction par les fonctions des anciens souverains de Bois-Belle dont les ancêtres étaient vicomtes de Bourges. Cette charge de vicomte, qui n'avait été primitivement qu'un bénéfice, un pouvoir délégué par l'État, fut, en devenant héréditaire dans la famille, un patrimoine de conservation difficile. Ce nouveau droit politique, octroyé aux seigneurs dans le capitulaire de Kiersi, par le faible Charles le Chauve, ne s'exerça pas toujours avec une autorité aussi forte que celle qui émana plus tard directement du roi; il ne s'inféoda d'ailleurs dans le sein de la royauté et n'en réduisit la puissance que temporairement. Donc, sous les successeurs de Hugues Capet, nous voyons des seigneurs céder ou vendre successivement à la couronne de France ces mêmes bénéfices reçus d'elle par leurs ancêtres, mais devenus, avec le temps, des patrimoines dont ils pouvaient disposer. C'est ainsi qu'Eudes Harpin vendit la vicomté de Bourges à Philippe Ier, roi de France. Les prédécesseurs d'Eudes Harpin, dans la charge de vicomte, avaient déjà, avant le xi⁵ siècle, rendu divers fiefs et biens ecclésiastiques en reconnaissant qu'ils les avaient usurpés (1). Cette circonstance, dont nous avons plusieurs exemples, ne prouve-t-elle pas d'une manière évidente que, déjà à l'époque de ces restitutions, le vicomte de Bourges ne jouissait pas très-paisiblement de ses droits de suzeraineté? Et n'est-il pas naturel de penser dès lors que les habitants du petit État de Bois-Belle ont dû concevoir des craintes pour leurs franchises? Cette alarme, d'une part, et les dépossessions, renonciations ou ventes que les vicomtes faisaient de leur pouvoir, ont dû amener

(1) La Thaumassière, p. 120. Après le rétablissement de l'abbaye de Saint-Ambroise, à Bourges, le vicomte Geoffroy; Eldeburge, sa femme; Geoffroy et Madalbert, leurs enfants; Eudes et Ebbe de Déols, frères de la vicomtesse, rendirent aux chanoines réguliers tous les biens et revenus qu'ils avaient usurpés, le bourg de Brisac le Vignon, le pré appelé Pré-Fiscal (Pré-Fichault), etc., le tout du consentement du roi Robert, de l'autorité du sieur Dagbert, archevêque de Bourges, des seigneurs de Château-Gordon, de Mont sous Sancerre, des Aix et de Dun, et confirmé par Gilon, sire de Seuly. (Voyez, à la fin du tome, la généalogie des Seuly. — La Thaumassière, p. 120.)

entre les deux partis un accord pour se conserver réciproquement dans des droits et priviléges qui leur eussent échappé sans cette alliance qui les sauva. Le domaine particulier du seigneur a dû être l'apport des habitants de Bois-Belle à cette sorte de traité, et l'exemption d'impôts, celui que le seigneur souverain accorda aux habitants en retour du pouvoir qu'ils lui donnaient de les gouverner; et certes il a fallu qu'il existât entre eux une entente parfaite pour que les franchises du pays pussent résister pendant des siècles aux atteintes que les lois françaises ont essayé vainement de leur porter, à toutes les époques de l'histoire, en voulant les soumettre aux droits régaliens de la couronne de France.

Je n'ai certes pas la prétention de donner comme un fait historique mon opinion personnelle sur l'origine des franchises de la principauté de Bois-Belle; à ceux mêmes qui regarderaient comme une orgueilleuse prétention de ma part de ne pas m'en tenir sur ce point à ce que m'ont appris mes maîtres et mes devanciers dans l'histoire du Berry, je réponds à l'avance

que la nomenclature des événements qui
composent une histoire générale, en met-
tant l'écrivain dans la nécessité de négliger
les faits dorigines pour s'occuper spécia-
lement des événements généraux, l'empêche absolument d'analyser et de scruter les
causes qui peuvent les avoir amenés.

D'une autre part, il n'est si petit point
historique qui ne mérite qu'on s'en occupe;
si petit coin de terre qui ne puisse devenir
intéressant, surtout à notre époque, qui est
le règne de la pensée. L'histoire de Bois-
Belle n'a d'intérêt que sous ce rapport; les
faits dont elle a été le théâtre sont peu nombreux et tout à fait sans éclat; mais l'atmosphère de liberté dans laquelle ont vécu ses
habitants, les idées d'ordre et de prudence
qui ont réglé et maintenu les franchises du
pays, le recommandent d'une façon toute
particulière à l'attention du public. N'était-
ce point, en effet, un bien étonnant tableau
que celui qu'offrait autrefois cette commune
se rattachant à un seigneur par le seul lien
fédéral de la protection? Et n'était-ce point
merveille aussi que la conduite de ce seigneur n'empiétant jamais sur les priviléges

de ses sujets, n'usant du droit souverain que pour mieux servir de bouclier aux franchises de ses peuples, offrant sans cesse, comme garantie de leurs libertés, son attachement particulier et inviolable à la couronne de France dont il relevait lui-même comme sujet, tout en étant investi ailleurs d'un pouvoir royal ?

Le caractère qui distingua en tous les temps les souverains de Bois-Belle offre un des plus nobles exemples de droiture que l'on puisse citer, tandis que la parfaite soumission de leurs sujets est un fait digne d'éloges et qui honore le pays tout entier. Grâce au bon esprit qui les anima les uns les autres, ils obtinrent un résultat pour ainsi dire exceptionnel et qui mérite bien qu'on en recherche les causes, quoiqu'il n'ait intéressé qu'un petit nombre d'individus. Qu'on me pardonne donc, en faveur de l'étrangeté du fait, si, dans le cours de ce récit, je me laisse parfois aller à trop parler des familles princières qui ont possédé la souveraineté de Bois-Belle, et si je bats les buissons autour de la principauté sans me borner à ne parler que d'elle seule.

Certes, le récit des étonnantes franchises dont ce pays a été privilégié pendant un si long espace de temps suffirait à compléter un volume ; mais ne seraient-ce point une ingratitude et une injure faites en même temps à la principauté que de passer sous silence les hauts faits qui ont illustré les seigneurs sous lesquels ce pays a conservé sa liberté ? La gloire sans conteste des souverains de Bois-Belle produira, sur l'histoire plus modeste de la commune, le même effet que celui du rayon d'or quand le soleil se répand sur les pauvres campagnes et les ravive ainsi par son magique éclat.

CHAPITRE II.

Afin de mieux mettre le lecteur au courant du sujet de ce livre, je copie, dans un vieux titre dont malheureusement quelques feuillets manquent, un état de la principauté d'Henrichemont telle qu'elle existait encore en l'année 1746.

Ce vieux titre ne porte aucune date, mais le nom du bailli l'indique suffisamment, ainsi qu'il est prouvé par la relation d'un journal manuscrit, écrit par un sieur Teilly (1), no-

(1) André Teilly, notaire et échevin d'Henrichemont, a laissé un manuscrit que j'ai sous les yeux, qui commence à la date 1745 et se termine en 1788. A cette époque, il était âgé de quatre-vingt-quatre ans. On lit sur la première page de ce manuscrit cette devise latine : *Deo soli omnis honor, laus et gloria, nec non beata Maria virginis;* puis, un peu au-dessous, en français : « Mémoire des affaires publiques, » et enfin, en dernier lieu : *Posui Deum adjutorem.*

taire, qui relate ce fait à la troisième page de son œuvre.

« Le 18 avril 1746, M. Henry L'Hoste fut receu procureur général de la chambre souveraine de cette principauté, l'assise tenante par MM. les président et conseillers, sur les conclusions de M. Saillant, conseiller et bailly, après quoy il donna un grand repas à tous ses officiers, auquel assistèrent M. le curé et les vicaires (textuel). »

Or, nous allons retrouver le nom du bailli Saillant dans l'état que je mentionne et qui commence de cette sorte :

« Henrichemont, chef-lieu de la principauté dont elle porte le nom, est une petite ville bâtie par le grand Rosni, après l'acquisition qu'il fit de cette souveraineté de Charles de Gonzague de Clèves, duc de Nevers, par contrat reçu Gaillard et Bontems, notaires au Châtelet. Paris, le 31 août 1605. Elle lui coûta quarante-deux mille francs. Cette souveraineté s'appelait auparavant Bois-Belle, du nom d'un petit bourg qui était autrefois le chef-lieu de la principauté avant la création d'Henrichemont. Cette dernière ville est située à six lieues de Bourges, à cinq de la Loire et à trente et une de Paris ; elle est composée d'environ deux cents ménages ; elle a pour juridiction un bailliage où sont portées les causes en première instance ; ce siége est occupé par un bailly et un procureur fiscal. Le sieur Saillant, bailly actuel, prend les titres de gouverneur, lieutenant général, maire perpétuel, bailly, juge ordinaire, civil et criminel, juge de police, juge des chasses, maître des eaux et forêts, juge, consul et receveur au grenier à sel.

« Les causes de ce bailliage sont portées, en appel, à la chambre souveraine, qui est composée d'un président, de deux couseillers, d'un avocat et d'un procureur général. L'avocat général fait aujourd'hui fonction de juge au bailliage en l'absence de M. Saillant. Cette chambre souveraine juge définitivement tant au civil qu'au criminel. On se pourvoit en cassation d'arrêt au conseil du prince souverain de la principauté, lequel conseil se tient en son hôtel, à Paris. »

En 1726, la chambre souveraine d'Henrichemont était présidée par M. de Corsembleut ; elle possédait dans son ressort le fief Pot, qui donnait le droit de haute, moyenne et basse justice à son propriétaire, lequel devait foi et hommage au souverain de Bois-Belle et Henrichemont. La justice de ce fief relève du conseil du prince résidant à Paris.

Ce conseil se composait de huit conseillers dont un doyen, d'un secrétaire et greffier, et de six procureurs ; enfin, la juridiction de la principauté s'étendait sur les trois paroisses d'Henrichemont, de Bois-Belle, d'Achères ; elle comprenait une partie du territoire de Menetou-Salon, ainsi qu'une faible portion de celui de Quantilly (1). En citant ce der-

(1) Liste des châteaux et hameaux de la principauté de Bois-Belle, aujourd'hui Henrichemont :

Bois-Belle, chef-lieu.
Les Billets.
La Gamacherie.
Pont-Abbey, fief.
La Grenouillerie.
Les Talbots.
La Barne.
Les Gots.
Pas-de-Loup.
Paroisse d'Achères, prieuré, autrefois un couvent de bénédictins.
Chamroux.
Le Gros-Houx.
Le Chezal-Rouzi.
La Chabinerie.
Les Beurtes.
Les Poteries.

Les Chavignets.
Les Fougères.
La Feuillerie.
Le Brinon-de-Sable.
Les Gimonets, fief.
Les Thibauts.
La Rousselle.
Les Dubois.
Le fief Pot. (Il dépendait, pour le spirituel, de la paroisse de Menetou-Salon.)
Le Cros-de-Veaux, qui dépendait du précédent fief. (Ce village est situé au pied du pic Montégu et possède plusieurs maisons avec des tourelles.)

nier fief, je regrette vraiment qu'il touche trop peu mon sujet principal pour me permettre d'en parler longuement; j'eusse été flattée de vous faire la description du beau château de Quantilly, ce rendez-vous célèbre des beaux-esprits berrichons du xvi⁰ siècle. J'aurais aimé à vous parler de son ancien propriétaire, Jacques Thiboust, qui fut en même temps notaire, secrétaire du roi et le mari de la belle Jeanne de Lafont, poëte elle-même, et dont la mort prématurée fut pleurée de concert, si l'on en croit Jean Second, par Junon, Vénus et les Grâces. L'écrivain hollandais, qui a célébré cette muse du Berry dans ses élégies latines, ajoute qu'elle savait encore mieux garder sa foi que charmer par ses discours. Cet éloge n'a pas besoin d'être délayé, car il se complète de lui-même.

Le ménage littéraire de Jacques Thiboust et de Jeanne de Lafont a été célébré par M. Boyer, l'un des membres de la Société historique du département du Cher. Notre pays est redevable à cet auteur d'une charmante composition qui joint à l'attrait du roman l'intérêt de l'histoire, et chacun doit lui savoir gré d'avoir tiré de l'oubli les poétiques mémoires de nos spirituels compatriotes.

Pour en revenir à Bois-Belle, je vous prie de remarquer, cher lecteur, que cette principauté, d'une contenance à peine de neuf lieues de circonférence, renfermait néanmoins toutes les choses qui distinguent les grands États. On y rendait la justice exactement comme dans le beau royaume de France. Son souverain y possédait aussi, à l'égal du roi, un domaine particulier, et, bien que ce domaine ne lui rapportât que la somme modique de deux mille francs, il était assez riche d'autre part pour ne rien réclamer à ses sujets ; il se contentait de jouir des priviléges octoyés aux souverains. N'allez pas croire, au moins, que ceux-ci étaient de médiocre valeur ! Le souverain de Bois-Belle battait monnaie ; il possédait dans toute sa plénitude le droit de grâce, pardon et rémission ; de plus, il comptait parmi ses feudataires les descendants de l'illustre Renier Pot de Rhodes, qui fut le compagnon des La Trémouille et du maréchal Boucicaud, à la bataille de Nicopolis, le deuxième parmi les vingt-quatre chevaliers

gentilhommes qui furent appelés les premiers, dit la chronique, à porter les insignes
de ce fameux ordre de la Toison d'or, fondé
en 1431 par Philippe le Bon, duc de Bourgogne.

Du reste, une chose bien digne de remarque, c'est que la plupart des souverains de
Bois-Belle furent eux-mêmes de hardis chevaliers, tandis que les femmes qui ont été
appelées au gouvernement de cet État se
distinguèrent autant par les qualités du cœur
et leur religion que par les dons naturels
de la grâce et de la beauté.

La vie édifiante d'un saint (1), sorti des
murs du couvent d'Achères, vient heureusement se mêler au souvenir des nobles preux
qui ont possédé la souveraineté de Bois-
Belle, comme pour marquer d'un signe plus
particulier de la foi l'époque de leur renommée; enfin, les noms populaires d'Henri IV
et de Sully ajoutent encore leur attrait personnel au faible mérite de la petite commune.

____

(1) Voyez, à la fin du volume, la vie de saint Jacques
l'Ermite, solitaire de Sasseau.

Mais, hélas ! le glorieux parrain d'Henrichemont, le roi Henri, est mort bien trop tôt après le baptême de cette ville. J'aurai à vous parler longuement des phases néfastes des premiers jours d'Henrichemont ; mais la description de ses pavillons inachevés doit céder le pas à celle que je dois vous faire de Bois-Belle, sa sœur aînée et sa devancière dans le titre de chef-lieu de la principauté.

CHAPITRE III.

Boscabellum, selon Moréri, était l'ancien nom de la principauté qu'on a traduit en celui de Bois-Belle. Cette traduction n'est pas plus correcte que celle qu'on pourrait faire du mot de Boscabellum en celui de Beaux-Bois ou de Bois de la Guerre ; *bosca* pouvant bien être dérivé de *boscus* et de *bellum,* on peut faire *belli*, *bellua;* le mot entier n'a pas traversé les âges sans subir diverses altérations, et le latin du moyen âge, en passant par la bouche des Franks, ne ressemble plus à celui que parlait Cicéron. Je laisserai donc Boscabellum pour ce que le lecteur voudra bien en induire, sans rien changer à la vieille tradition qui en a fait Bois-Belle, d'autant mieux qu'il existe sur l'origine de ce joli nom de char-

mantes légendes dont voici quelques aper-
çus.

C'était au temps de Charles VII dit le
Victorieux : ce prince se trouvait, dit-on, en
chasse dans les bois d'Ivoy, par une journée
très-chaude et en compagnie de la dame de
Beauté, la belle Agnès ; celle-ci, ayant eu
soif, s'approcha d'une fontaine et pencha sur
son onde son visage gracieux, afin de se rafraî-
chir ; ce que voyant, le roi mit aussitôt pied
à terre, puis de sa main royale ayant fait une
coupe, il la présenta à la dame de Beauté en
lui disant : « Bois, belle. »

Cette première version sur le nom de la
fontaine qui aurait, d'après ce fait, été appelée la fontaine de Bois-Belle, est beaucoup
moins accréditée que celle qui suit : c'est
toujours le même fond avec une variante.

Selon la chronique, le roi Henri IV chas-
sait à courre dans les hautes futaies qui s'éten-
daient jadis depuis la Chapelle-Dam-Gilon
jusqu'au fief Pot, lorsque la meute qui pour-
suivait la bête fauve amena la troupe royale
dans une clairière arrosée par une fontaine
près de laquelle se désaltérait une jolie fille
du pays. La paysanne, effrayée sans doute

par l'aboiement des chiens et troublée aussi par l'apparition de la suite magnifique du roi, laissa choir le vase qu'elle portait à ses lèvres : « N'aie pas peur, lui aurait dit alors le bon roi Henri IV; bois, belle. » De là, le nom de Bois-Belle resté d'abord à la fontaine et ensuite aux quelques cabanes qui l'environnaient.

Enfin, si vous ouvrez l'*Almanach du Cher* qui porte la date de 1862, vous verrez que ce nom est attribué à la rencontre qu'une jeune souveraine du pays fit d'une vieille femme à laquelle elle demanda à boire. La vieille femme, émerveillée de la beauté de son interlocutrice, courut à la fontaine voisine afin de satisfaire son désir, et dit, en présentant un gobelet plein d'eau à la princesse : « Bois, belle. »

Ces différentes légendes ont le grand tort de citer des personnages historiques qui ont vécu à des époques où le nom de Bois-Belle était déjà connu comme tel. Avant l'avénement du roi Charles VII au trône de France, les habitants de Bois-Belle avaient adressé une requête au duc Jean de Berry pour se plaindre des officiers royaux qui avaient essayé de les assujettir au payement des tailles et subsides ordonné pour la province du Berry, charges dont ils furent reconnus exempts par lettres patentes datées du 14 janvier 1386 (1).

Cependant, pour ce qui concerne Henri IV, la tradition populaire qui lui attribue ce mot de Bois-Belle est tellement accréditée dans le pays et dans ses environs que je serais presque tentée de croire qu'il a été dit dans une circonstance analogue à celle que j'ai rapportée plus haut.

Le roi Henri, d'heureuse mémoire, est venu quelquefois prendre le plaisir de la chasse dans les bois d'Ivoy-le-Pré et de la Chapelle-Dam-Gilon dont l'ancien chemin aboutit à la fontaine de Bois-Belle. Qu'une jeune paysanne se soit trouvée en cet endroit juste au moment où le roi vint à y passer, ce n'est pas un incident tellement extraordinaire qu'il n'ait pu avoir lieu ; l'effroi de la jeune fille, à la vue d'un beau cavalier, est fort

(1) On trouvera, à la fin du volume, le spécimen d'une des six lettres patentes obtenues par les habitants de Bois-Belle comme garantie de leurs franchises.

naturel et l'apostrophe qui s'ensuivit de la part du roi l'est également. Que cette phrase de « Bois, belle, » se soit trouvée en même temps le nom du hameau dans lequel la paysanne demeurait, c'est un hasard heureux, voilà tout, et ceci n'a rien d'impossible.

Du reste, fausse ou vraie, cette légende est tellement répandue à Bois-Belle, la science des dates y est si rare et le public si disposé à ne vouloir point abandonner la croyance des souvenirs qui se rattachent, d'une façon quelconque, au roi Henri et à son ministre, le grand Sully, qu'il serait bien difficile de ne pas l'adopter, du moins en partie.

Que de choses d'ailleurs nous paraissent invraisemblables quand le temps est venu jeter sur elles le voile mystérieux du passé, quoiqu'elles se soient cependant accomplies dans des circonstances fortuites et tout ordinaires ! Le hasard sert souvent mieux, en fait de découvertes, que le travail le plus consciencieux et le plus obstiné.

J'étais allé à Bois-Belle par un triste jour de novembre, afin de chercher sur ses vieux murs les traces de son antique histoire ; j'espérais aussi apprendre quelque chose qui me révélât ses mœurs d'autrefois ou quelques particularités des coutumes locales ; à part la date de 1648, gravée sur la pierre d'une masure, et un vieil écusson de plâtre dont les figures, dépourvues de pointillés, ne peuvent par conséquent mettre sur la voie de l'origine de cet écu chargé d'une épée surmontée d'une étoile, je ne trouvai absolument rien. Et je me demandais, tout en cheminant vers la fontaine de Bois-Belle, quel pouvait être le preux qui, autrefois, ornait son bouclier de l'épée haute avec l'étoile au chef, quand un hourra prolongé, venant d'un carrefour bordé de quelques maisons, me fit tourner la tête de ce côté. A quelques pas de moi, je vis alors plusieurs jeunes gens munis de planches avec lesquelles ils interceptaient la voie publique à une voiture lancée au grand trot. Cette voiture ou plutôt cette charrette, garnie de cerceaux et attelée de deux forts chevaux mis en arbalète, était conduite par un jeune garçon dont la chevelure, nouvellement tondue à la mode antique, c'est-à-dire coupée comme celle des enfants d'Édouard dans le magnifique tableau de

P. Delaroche, encadrait une grosse figure rougeaude, à physionomie benoîte et joviale. Ce jeune homme portait un pantalon froncé à la ceinture et taillé dans un droguet de laine à raies rouges, vertes et noires ; ses jambes flottaient sans le secours de l'étrier sur les flancs de l'énorme animal mis au timonier de la charrette ; celle-ci était recouverte d'un drap blanc garni de verdure et de gros bouquets composés de pâles fleurs d'automne, rattachées de distance en distance par des nœuds de satin gommé, de couleur cerise. La nuance vive de ces rubans faisait ressortir la blanche couronne d'une jeune fille habillée en mariée, à laquelle le premier cerceau de la charrette servait de cadre.

La noce, qui conduisait cette jeune fille à la mairie et à l'église d'Henrichemont pour y être mariée, était nombreuse et suivait dans des chars celui de la fiancée, lequel était lui-même précédé par le *violoneux* (1), qui avait fait taire son instrument au moment où les jeunes gens de Bois-Belle avaient arrêté la charrette afin que la jeune mariée

____

(1) Joueur de vielle. On dit aussi vielleux.

leur payàt le droit de passage dans le bourg.
J'étais fort curieuse d'apprendre en quoi consistait ce droit, lorsque je vis la jeune fille se munir d'une bouteille au large ventre et d'un gobelet d'étain qu'elle emplissait et qu'elle offrait ensuite à chaque homme qui, à son tour, montait sur le siége de la charrette pour lui donner l'accolade.

Cette scène champêtre ne manquait ni d'entrain, ni même de poésie, malgré les nuages gris qui surplombaient sur elle.

D'ailleurs, comme on allait vers midi, le soleil, autant pour suivre son cours que pour saluer la jolie mariée, fit un effort heureux pour percer le brouillard ; son rayon passa comme un éclair sur toute cette joie rustique pour se noyer de nouveau dans l'humide atmosphère. A cet instant, le violoneux reprit sa vielle, la charrette s'ébranla, le jeune garçon à culotte rayée stimula les chevaux par un vigoureux coup de fouet, le dernier salut de la jeune mariée se perdit dans un cahot malencontreux de son char.... Si vous me demandez comment était vêtue cette jeune fille à laquelle je souhaitai mentalement de recueillir tous les fruits de la bénédiction qu'elle allait demander à Dieu, je vous répondrai que sa jupe était en laine brune, qu'elle portait un tablier noir en soie, un fichu à fleurs modestement attaché sous le sein, et que sa cornette était ornée d'une belle couronne de fleurs d'oranger artificielles. Le hasard, qui venait de me rendre le témoin d'une scène de mœurs d'actualité locale, tandis que je cherchais les réminiscences d'un autre âge, me fit faire d'étranges réflexions sur la destinée passée et présente de Bois-Belle.

Il y a un très-grand rapprochement entre sa première et sa dernière époque : c'est toujours la même naïveté dans le détail de ses épisodes ; il appartenait, certes, à une belle fille des champs de figurer en compagnie d'un roi dans la légende qui prétend avoir donné le nom à une principauté dont l'existence sans éclat s'est paisiblement brisée sans éprouver aucun de ces grands désastres qui foudroient les empires.

La déchéance de Bois-Belle n'est pas une chute, c'est un doux retour à sa simple nature

Malgré tout, je n'en persiste pas moins à

croire qu'au temps où la localité portait un nom latin, ce nom devait tenir plus du féroce que du tendre, d'après le caractère des premiers habitants. Bois-Belle a dû être primitivement un refuge, un repaire d'hommes de toute sorte. Étaient-ce des Gallo-Romains fuyant le joug des Visigoths, ou des Visigoths traqués par des Franks? L'un ou l'autre est possible; mais ce qu'il y a de sûr, c'est que, dans ce repaire, il existait des hommes braves et éclairés, des hommes qui avaient dû vivre sous les lois romaines. La forte organisation de leur municipe en est une preuve. Ils ont dû, dans les commencements, se rendre redoutables à leurs voisins, afin de conquérir la liberté ; ils n'ont pu la conserver qu'en se gouvernant sagement et par eux-mêmes. Le conseil du prince souverain de Bois-Belle n'était qu'un référé, un recours en grâce, une protection ; la justice émanait du bailli (1), celui-ci était

(1) Paillet, historien du Berry.—Les baillis sont nommés *missi domini* dans les Capitulaires de Charlemagne, puis, par la suite, baillifs, c'est-à-dire gardiens de la justice, car les mots bail et gardien signifient la même chose dans les anciens auteurs. Ils disent tenir le royaume à

nommé par le seigneur de Bois-Belle, qui ne possédait dans sa principauté aucune tour féodale, aucun signe d'esclavage pour les habitants. Quand ce seigneur venait visiter son peuple, il se trouvait dans les mêmes conditions que notre empereur actuel : il logeait chez lui et chez tous, c'est-à-dire dans les logis de l'État ; et si, de nos jours, princes et peuple sont l'un et l'autre également fiers d'un tel ordre de choses, la petite principauté de Bois-Belle

bail, c'est-à-dire en régence. Les baillifs étaient nommés pour rendre la justice aux sujets du seigneur; ils furent d'abord ambulatoires et ne devinrent sédentaires que sous Philippe Auguste. Les baillifs n'avaient pas la seule instruction des procès civils et criminels, et les prud'hommes, au lieu desquels furent les maires et les échevins, en avaient la décision, ce qui leur était même demeuré sous les comtes et vicomtes jusqu'en 1474. Depuis que le duché de Berry fut érigé en duché-pairie, deux sortes de juridictions furent établies, savoir: celledes ducs, s'exerçant par le sénéchal, prévôt, avocat et procureur général, et autres officiers qui jugeaient parl'autorité des ducs, et la uridiction royale, administrée par le juge royal qu'on appelait juge des cas royaux et d'exemption par appel. Le roi avait seul le droit d'abolition et rémission des jugements.

2*

n'a-t-elle pas sujet d'être glorieuse d'avoir possédé les mêmes prérogatives à une époque où bien des gens croient que la liberté n'était qu'un mythe auquel on ne croyait plus? Bien que le pays de Bois-Belle ait été longtemps couvert de bois, on ne signale dans les environs aucune antiquité druidique. Je m'imagine que la faute en est tout entière aux archéologues qui les ont mal cherchées, car, à coup sûr, ces forêts sans sentiers ont dû servir de retraite aux eubages (1); elles ont dû renfermer les cercles sacrés des prêtres des enfants de la nuit; leur sombre verdure a dû voir sous les voûtes impénétrables briller le couteau de l'ovate, et le barde, qui chantait la gloire du guerrier kimri (2), dont le coffre hideux renfermait le plus grand nombre de

(1) Eubage, nom du premier ordre druidique. Les prêtres druides se nommaient eubages; les savants, les instituteurs de la jeunesse; ovates, les sacrificateurs, et bardes, ceux qui célébraient dans leurs chants la puissance et la gloire des dieux et des mortels.

(2) Kimri, nom des peuples de la seconde invasion celtique, sous les ordres de Hu-Gadarn ou le Puissant. Leur dieu Ésus n'est peut-être qu'un souvenir de ce grand chef des Kimris.

crânes humains, devait trouver à s'inspirer dans ces solitudes que ne troublait jamais la voix argentine d'aucune pastourelle.

Les fées, ce gracieux souvenir du culte des esprits, dont l'essence et le pouvoir s'incorporaient aux grottes, bosquets, sources et fontaines auxquels nos pères rendaient un culte, servent encore aujourd'hui de marraines à une métairie des environs d'Henrichemont que l'on désigne sous le nom de Lac-aux-Fées.

La tradition rapporte qu'en cet endroit, où se trouve une petite pièce d'eau, deux blanches filles de l'air venaient autrefois se mirer à certains soirs de clair de lune. On ajoute qu'à leur approche le flambeau du ciel semblait vouloir s'éteindre, et que si un indiscret cherchait à surprendre le mystère de leur innocente coquetterie, elles fuyaient en laissant sur le lac, comme témoignage de leur passage, de petites flammes bleues qui couraient sur l'eau sans brûler ni consumer quoi que ce soit aux alentours. Aujourd'hui, la lune ne jette plus sa pâle lumière que sur une mare dont les rives sont sans verdure ; la cour du domaine dans laquelle on la retrouve est dépourvue de toute poésie ; aucun phosphore ne s'élève sur l'eau bourbeuse de l'abreuvoir rustique que les sylphes ont abandonné. Le nom de Lac-aux-Fées, conservé jusqu'ici par le domaine, permet seul de mentionner cette fable. Une énorme tranchée, qu'on croit avoir été un canal destiné à amener les eaux du Vernon par le plateau d'Henrichemont, et qui traverse cette commune ainsi que celles d'Ivoy-le-Pré, de Morogue et de Parassy, se nomme le fossé du Grand-Géant. La crédulité populaire attribue ce travail hydraulique à un puissant enchanteur qui l'exécuta, dit-on, pour plaire à une jeune souveraine de Bois-Belle dont il espérait conquérir le cœur. Les savants ne s'expliquent pas sur son origine. Quelques-uns en font l'œuvre des Romains. M. de Raynal, dont il faut toujours avoir l'*Histoire du Berry* sous les yeux si l'on veut parler avec fruit de cette province, tend à voir dans ce géant le symbole du génie phénicien qui apporta en Gaule les premiers éléments de la civilisation et du commerce. Un ancien préfet du département du Cher, M. de Barral, raconte, dans une légende, que ce *creuseur* de fossés, ce personnage mystique, cet entrepreneur de travaux de toute sorte, l'Hercule gaulois enfin, ayant voulu fonder une ville à Quantilly et s'étant pris de querelle avec les indigènes, lança en l'air, dans la direction du couchant, le marteau qu'il tenait à la main, en disant à ceux qui l'accompagnaient : « Allons continuer notre ouvrage sur l'emplacement du lieu où tombera cet outil. » Le récit ajoute que le marteau alla tomber sur une éminence située au confluent de l'Yèvre et de l'Auron, dans l'endroit où l'on a depuis bâti Bourges, ou plutôt Avarik, nom gaulois de la vieille cité berruyère.

Une remarque à faire, c'est que le nom de la localité d'où part le fossé du Grand-Géant, et de celle à laquelle il aboutit, ont tous les deux des racines celtiques ; ainsi, il devait commencer à l'étang de Morue et se terminer à Morogues. Le mot *mor*, en langage celtique, étant le synonyme de mer ou pièce d'eau, on pourrait conclure, d'après ce rapprochement, que le fossé du Grand-Géant est l'ouvrage des Celtes ou bien celui des Visigoths qui sont venus plus tard dans ce pays, mais dont les mœurs et le langage ont, comme tous ceux des peuplades du Nord, beaucoup d'analogie entre eux. Du reste, dans cette contrée, il s'est conservé une habitude qui a pris évidemment sa source dans la tribu, le clan, la famille antique; ainsi, beaucoup de petites localités portent le nom d'une famille dont les membres sont nombreux parmi les habitants. Les villages des Gimonets, des Pas-de-Loup, des Thébault, des Talbots, sont dans ce cas. On prétend même que ce dernier a été peuplé par une colonie d'Anglais, ainsi que le village de la Borne (1). Un fait certain et qui a été constaté par un médecin éclairé du pays, M. Pérussault, c'est que la population de la Borne a été longtemps d'une beauté physique fort remarquable, beauté qui va en décroissant à mesure qu'elle s'allie avec les populations voisines.

Dans la principauté de Bois-Belle, le fossé

(1) Le village de la Borne est habité particulièrement par des potiers chez lesquels l'art céramique n'est pas sans posséder quelque valeur.

du Grand-Géant est à peu près le seul ves-
tige antique qu'on puisse attribuer aux Gaulois; mais, si le culte des pierres n'a laissé
aucune trace dans le pays, en revanche les
superstitions qui en découlent sont fort nombreuses dans les campagnes qui avoisinent
Henrichemont, et dans Henrichemont même
où les habitants sont fort enclins à expliquer
d'une manière surnaturelle toutes les choses
qu'ils ne comprennent pas. M. Labbe de
Champgrand, président de la chambre souveraine d'Henrichemont, en 1620; Jean
Chenu, le grand justicier des sorciers, et,
plus tard, M. de Corsembleut, n'ont pas
expédié pour l'autre monde toute la bande
maudite des devins, quoiqu'ils se soient
montrés les uns et les autres fort besoi-
gneux d'en purger le territoire. A l'heure
où j'écris, on vient d'arrêter à Henrichemont un homme convaincu d'avoir voulu
jouer au sorcier. Il est prouvé depuis longtemps, hélas! que la race humaine est de
nature perverse sans maléfice.

Espérons donc que le sorcier actuel d'Henrichemont, plus heureux que ses devanciers
dans l'art diabolique, n'expiera pas ses mé-

faits, comme ceux-ci l'ont fait, par la pendaison, et que l'ombre salutaire de la prison qu'il subit en ce moment suffira pour le guérir de l'envie de renouveler une autre fois sa burlesque tentative.

Vous pensez bien que si l'on joue au sorcier à Henrichemont, c'est que l'on espère ou bien que l'on est convaincu que, parmi les habitants de cette ville, il en est un certain nombre qui croient plus ou moins aux sortiléges. Il est certain que, dans les campagnes voisines, les birettes sont encore l'effroi des pâtres et des bergères, tandis que le follet est toujours l'être que les bouviers et les garçons d'écurie accusent des tours plus ou moins méchants dont ils sont les victimes dans l'exercice de leur emploi. Aussi, lorsque, la nuit, dans une ferme, on suppose que cet esprit contrariant s'amuse à tresser la crinière des chevaux ou qu'il s'occupe à ébouriffer le poil des bœufs et des vaches, personne ne bouge dans la maison, quelque bruit qu'il s'y fasse. Les *jetteux* de sort, les paysans qui font le métier de détruire les taupes et les belettes, les *remigeux*, c'est-à-dire ceux qui savent accrocher ou décrocher l'estomac, les avisés, ceux enfin qui, grâce à la connaissance qu'ils possèdent de quelques plantes vénéneuses, empoisonnent les écuries, donnent des maladies aux bestiaux et font tarir les vaches, sont nombreux et fort redoutés. Quand un individu approche d'une habitation rurale en demandant l'aumône, si le chien de la maison le flaire sans aboyer, si son grand chapeau rond se rabat sur un œil sournois, si la peau de ses joues est bilieuse, s'il cache ses mains sous sa besace, les femmes de l'habitation se hâtent de lui donner ce qu'il demande et les petits enfants se détournent du sorcier, car c'est la profession que chacun lui suppose d'abord. Si la compagnie est nombreuse, il se peut alors qu'il soit rudoyé par quelques hommes que la vanité pousse à se montrer au-dessus d'un préjugé, préjugé cependant dont les racines sont si profondes dans leur esprit qu'au moment même où ils le bravent ils sont tentés de se croire des héros, tant l'effort qu'ils font pour le dominer leur est pénible. Néanmoins, il est bon d'ajouter à ceci que le soin qu'apportent presque tous les prêtres à détruire ces croyances absurdes chez les enfants qu'ils catéchisent, amène chaque jour quelque amélioration sur ce point dans les paroisses; il est à croire que le progrès se fera encore mieux sentir à Henrichemont, lorsque l'église qui est maintenant en construction sera achevée; le curé ne sera plus réduit à faire ses instructions, comme aujourd'hui, dans un local tellement insuffisant pour le nombre des enfants qu'il instruit qu'il est obligé de les diviser, d'en former des catégories qu'il prêche les unes après les autres, en sorte que le temps manque pour que chacune d'elles ait son contingent de leçons.

CHAPITRE IV.

Lorsque je me décidai à écrire cette histoire, j'écrivis à Henrichemont pour prier
qu'on voulût bien fouiller dans les archives
de la ville, afin d'y chercher quelques docu-
ments inédits sur la principauté de Bois-Belle.
On répondit à cette demande que les archives
ayant été brûlées en 1793, il n'existait absolument rien à la mairie qui révélât ce qui s'y
était passé durant les anciens jours. Je me
flattai un instant que ce fait pouvait être
faux, attendu que cette sombre et triste date
de 1793 supporte parfois, et avec aussi peu
de vérité que les épaules des Titans la
masse du globe, le poids des méfaits artis-
tiques et scientifiques qui se sont malheureusement commis à toutes les époques de colère
où les passions ignorantes et brutales des

masses aiment à mutiler les œuvres du génie, probablement pour se venger d'être privées d'en comprendre les beautés et la valeur. Cependant, je dus me convaincre qu'en cette circonstance il avait été bien réellement fait à Henrichemont un autodafé des papiers publics. Il est de notoriété qu'on en avait chargé un âne qui fut solennellement amené sur la grande place.

Là, les papiers furent dépouillés et jetés au feu; la chronique ajoute même que les habitants d'Henrichemont, regardant, dans ce moment d'hallucination populaire, l'âne comme souillé par le contact des parchemins, le livrèrent aux flammes avec les titres dont il était porteur.

Le sort funeste du baudet d'Henrichemont n'est pas le seul exemple où l'histoire nous montre l'innocent payant la faute d'autrui; mais, en cette occasion ainsi qu'en bien d'autres, le supplice de l'âne prouve une fois de plus que les hommes commencent souvent par une injustice les actes qui tendent à réformer, sur ce même chapitre du juste et de l'injuste, le code qui les gouverne.

Quoique malheureusement privée de la

ressource de puiser dans les pièces importantes qui traitaient jadis des affaires de la
principauté de Bois-Belle, j'ai pu néanmoins
me renseigner, sur quelques faits isolés qui la
concernent, dans un journal manuscrit
échappé à l'incendie général des titres authentiques. Je me bornerai donc à relater ces
faits en y ajoutant tout ce que les histoires
générales du Berry ont dit avant moi sur le
royaume de Bois-Belle et ses souverains.

Le premier seigneur auquel La Thaumassière donne régulièrement ce titre est Henri II
de Seuly. Avant lui, M. de Raynal cite Richard
de Bois-Belle, en 1120 ; Odo, marié à Théo-
phanie, dont les fils Eudes et Sarlon prirent
l'habit de moine en 1170. Puis, cet auteur
semble adopter l'avis de Catherinot qui veut
que Geoffroy Bosbéras, vicomte de Bourges,
ait été seigneur de Bois-Belle à la fin du
xe siècle. Tout ceci est fort confus et reste
sans conclusion. Peut-être ne conclut-on rien
de peur de le faire d'une manière trop absolue
sur des faits restés obscurs ; néanmoins, je
crois qu'il est permis d'avancer, sinon d'af-
firmer, que la famille de Seuly, qui se trouve
nantie de la souveraineté en 1252, la tenai

probablement par suite de la succession de
la charge de vicomte de Bourges depuis
l'époque où le roi Raoul l'avait établie en
propriété au profit de Geoffroy Papabos, père
de Geoffroy Bosbéras, dont le nom a quelque similitude avec celui de Bois-Belle. Or,
Étienne V, vicomte de Bourges, qui mourut
sans postérité, descendait en ligne directe de
ce Geoffroy Papabos (1). Sa mère, Mathilde de
Seuly, fille d'Elduberge et de Gilon, sire de
Seuly, seigneur des Aix et de la Chapelle,
apporta la vicomté de Bourges en dot à son
mari nommé Eudes Harpin. Celui-ci vendit
cette charge au roi Philippe Ier. La principauté de Bois-Belle a dû rester la propriété
de la famille de Seuly par cette voie de succession dans la charge de vicomte de Bourges,
et l'arrangement supposé entre le seigneur
déjà gouverneur du pays et le peuple, l'un
pour garder sa puissance, l'autre pour conserver ses franchises (2), s'explique tout
naturellement.

(1) *Histoire du Berry*. La Thaumassière, p. 22.
(2) Il est dit, au VIe livre des *Commentaires de César*,
ue la justice souveraine était exercée à Bourges, ainsi

La curiosité du touriste ne trouve aucun aliment à Bois-Belle, pas plus qu'à Henrichemont. Dans cette dernière ville, la pierre mutilée d'une tombe supportant une crosse d'abbesse et l'écu de Sully losangé comme celui des filles, sert d'escalier à la boutique d'un boucher. Le nom d'Angennes, gravé sur cette pierre sans date, vient jeter sur elle la double nuit du sépulcre et de la confusion ; elle est, avec trois tableaux, tout ce qui reste à Henrichemont des époques anciennes ; l'un de ces tableaux est le portrait du connétable de Bourbon ; un autre, celui d'un amiral anglais dont les alliances appartiennent de loin ou de près aux anciens souverains du pays.

que dans toutes les féodalités gauloises, par des magistrats que les Romains remplacèrent par des officiers ayant le titre de ducs, comtes et vicomtes.

CHAPITRE V

Henri II, de la deuxième maison de Seuly, est le premier souverain de Bois-Belle ; du moins, c'est le premier seigneur que les auteurs anciens signalent comme ayant été le propriétaire de cette principauté. Il descendait en ligne directe de Guillaume de Champagne, fils d'Étienne de Blois, qui le priva de ses droits de succession au comté de Champagne pour avoir épousé, sans son agrément, une des filles d'honneur de la comtesse Alix d'Angleterre, sa seconde femme, et par conséquent la belle-mère de Guillaume, fils aîné du comte Étienne. Agnès de Seuly avait eu le malheur d'inspirer de la jalousie à la fière Alix, et celle-ci ne lui pardonna pas de s'être élevée jusqu'à elle en épousant le fils de son mari, l'héritier présomptif de sa maison; elle profita donc de l'ascendant qu'elle possédait sur l'esprit du comte de Blois pour obtenir de lui qu'il privât son fils de sa succession. Guillaume, déshérité par son père, prit dès lors le nom et les armes (1) de sa femme, et devint ainsi la souche de la deuxième maison de Seuly. Henri II, descendait de ce prince au sixième degré; il se croisa avec le roi saint Louis, suivit en Italie la fortune de Charles d'Anjou et y mourut de la peste en 1269. Il laissa de Perrenelle de Joigny, sa femme, trois enfants : un fils aîné qui mourut sans postérité; une fille nommée Jeanne, qui devint vicomtesse de Melun et fut l'une des aïeules du grand Sully; enfin, Henri III, qui lui succéda dans la souveraineté de Bois-Belle. Henri IV de Seuly et ses successeurs, Jean et Louis, ne signalèrent leur gouvernement dans la principauté par aucun acte digne d'être cité. Ces deux derniers princes illustrèrent leur maison par des

____

(1) Les armes de l'ancienne maison de Seuly étaient d'azur à trois molettes d'or au lion de même brochant sur le tout. (La Thaumassière.)

3

des alliances avec les familles princières de la France ; ainsi, Jean épousa Marguerite de Bourbon, et Louis devint le gendre de Maurice IV, de Craon, lequel descendait en ligne directe de Raymond Ier, de Bourgogne. De l'alliance de Louis de Seuly avec Isabelle de Craon naquit une fille unique nommée Marie ; elle fut la première souveraine de Bois-Belle (1). Et, à ce propos, laissez-moi me féliciter, cher lecteur, de ce que la loi salique, cet humiliant déni des facultés gouvernementales de la femme, n'ait point été en vigueur dans le royaume de Bois-Belle, puisque la promulgation de cette loi malséante eût nécessairement rayé de ce livre les aimables portraits des différentes princesses qui, tour à tour, dans cet État, ont tenu le rang suprême. La liste s'ouvre par la belle et charmante Marie de Seuly. Hélas ! elle commença bien trop tôt, pour son propre bonheur, son rôle de souveraine. Marie de Seuly sortait à peine de l'enfance lorsqu'elle

(1) Marie de Seuly, dame de Craon, d'Orval, de la Chapelle et des Aix-Dam-Gilon, de Saint-Gendron, de Châteaumeillant, Bruères, Épineuil. (La Thaumassière.)

perdit son père en 1381, et chacun sait que le temps des tutelles est toujours une époque malheureuse pour un État. Bois-Belle n'échappa point à cette loi commune des gouvernements; cependant, la commune se gouvernant à peu près selon ses lumières, le ressort de sa justice se ressentit peu de la faiblesse des mains qui tenaient les rênes de l'État; mais les officiers royaux crurent le moment favorable pour soumettre les habitants de la principauté à la taille. Donc, par un beau jour de la Chandeleur, deux gens d'armes, portant le hoqueton, accompagnés d'un commis du lieutenant du gouverneur du Berry, descendirent, vers les dix heures du matin, à l'unique hôtellerie de la capitale de la souveraineté. Bon nombre de personnes purent donc, au sortir de la messe, apercevoir les gens du roi fièrement campés sur la grande place et regardant d'un air hautain les habitants de la ville qui étaient alors, aux yeux des agents du fisc de cette époque, ce que sont aujourd'hui les campagnards d'une localité visitée par un percepteur en tournée extraordinaire; car, je vous prie de remarquer avec moi, cher lecteur, qu'en fait d'argent, les moyens de s'en procurer peuvent changer de nom, mais ne varient jamais dans l'exécution.

La présence des gens du roi excita, parmi les habitants de Bois-Belle, une irritation qui se serait peut-être traduite par des voies de fait, sans la prudence avec laquelle le bailli sut calmer les esprits et empêcher, d'une autre part, les officiers royaux de verbaliser. Ceux-ci retournèrent à Bourges sans avoir même commencé l'opération du recensement. L'étrangeté de ce fait émerveilla d'autant mieux la population qu'elle ne savait point à quel motif elle devait attribuer la mansuétude royale de Charles VI qui ne s'arrêta pas là et leur accorda, par un arrêt, l'année suivante, la continuation des franchises et immunités dont ils jouissaient de temps immémorial 1).

(1) L'existence de ces lettres est confirmée dans tous les mémoires qui ont été faits en 1726, à l'époque du procès du duc de Sully et du comte d'Orval. Celui que j'ai sous les yeux, daté de 1770, porte que les titres employés dans ce mémoire sont joints à une requête présentée au conseil d'État; il est signé Bellormeau, avocat.

La franchise de Bois-Belle était commune au sei-

Cependant, l'étonnement causé par cette faveur toute particulière du roi s'expliqua bientôt par les fiançailles de Marie de Seuly avec Charles de Berry, fils de Jean de France. Mais cette brillante alliance, qui rehaussait singulièrement la souveraine de l'État, ne s'effectua pas. Le prince Charles mourut avant la consommation du mariage projeté, et Marie de Seuly, couverte du crêpe des veuves sans avoir perdu ses droits à sa couronne de jeune fille, dut songer à un nouvel hymen ; elle épousa, en 1388, Guy VI, seigneur de La Trémouille (1). « Un homme

gneur et au peuple. Ces lettres confirment leurs franchises et libertés, leur exemption de tailles, aides et subsides, ce qui forme un franc-alleu plus éminent que le franc-alleu roturier, ce dernier titre ne comportant que l'exemption des droits seigneuriaux.

(1) Le fief de la Trémouille, qui doit son nom à quelques moulins que fait tourner le Benaize, est situé près de Montmorillon. Au xiᵉ siècle, les sires de La Trémouille étaient feudataires des ducs de Guyenne et des comtes de Poitiers. Ils figurèrent avec éclat dans les charges militaires et diplomatiques des ducs de Bourgogne Philippe le Hardi et Jean sans Peur. Charles IX leur conféra le titre de premier duc à la cour de France. Henri IV les investit de la quatrième pairie du royaume.

sage, un vaillant chevalier, un bien grand seigneur, » s'écrie M. de Barante, en racontant qu'un noble chevalier anglais traversa tout exprès la Manche pour mesurer son épée avec lui.

Guy VI de La Trémouille (1), qui devint souverain de Bois-Belle par son mariage avec Marie de Seuly, était petit-fils d'Audebert, dont les quatre fils, croisés sous saint Louis,

Ils sont qualifiés du titre de cousins de nos rois depuis Louis XI, (*Origine de la noblesse de France.*)

(1) Guy VI était porte-oriflamme à la bataille de Roosbecq Les armes de la famille de La Trémouille étaient autrefois d'azur aux chevrons de gueules accompagnés de trois aiglettes d'azur becquées et membrées de gueules ; mais, depuis longtemps, les rejetons de cette famille portent au premier de France, au deuxième de Naples, au troisième de Laval, au quatrième de Bourbon, et sur le tout leur propre écusson. Les propriétés possédées en Berry, au commencement de ce siècle, par le duc de La Trémouille, sont passées, par droit de succession, à M. le marquis de Vogué. C'est une véritable bonne fortune pour le pays que l'introduction de cette famille dans le département du Cher, M. le marquis de Vogué, usant de sa fortune en homme éclairé et philanthrope, M. le comte, son fils, adjoignant à ses mérites celui de compter parmi les écrivains de talent.

périrent à la bataille de Mansourah, après avoir fait des prodiges de valeur pour sauver le comte d'Artois, frère du roi Guy VI, avait donc de qui tenir en fait d'honneur et de vertu, et, certes, il ne faillit point à la haute renommée de ses ancêtres. Il fit partie de l'expédition des chevaliers qui allèrent au secours des Génois, inquiétés dans leur commerce par les Maures d'Afrique. Ce fut dans cette campagne qu'un cavalier mahométan, ayant proposé un combat de dix contre un, les deux sires de La Trémouille, le maréchal Boucicaud, Jean Harpedane et le jeune Hélyon de Lignac entrèrent en lice ; mais les Maures refusèrent de se mesurer avec d'aussi rudes champions.

A son retour en France, Guy de La Trémouille refusa l'épée de connétable dont on venait de dépouiller Olivier de Clisson, « car il était, rapporte l'histoire, aussi noble de cœur que de lignage, aussi sage au conseil que vaillant au combat. »

L'inaction ne pouvant convenir à un homme de cette trempe, il se croisa de nouveau contre les Turcs, commandés par Bajazet, alors en guerre avec la Hongrie. Ni les charmes de sa femme, ni les grâces enfantines de deux beaux garçons ne purent le retenir en son foyer ; il partit pour cette noble, mais malheureuse entreprise, avec Regnier Pot (1), son frère ; le comte de Nevers, ce fameux Jean sans Peur, duc de Bourgogne, alors âgé de vingt-deux ans, et qui était à la tête de cette expédition « qui coûta tant d'argent au peuple et tant de larmes aux belles dames de l'époque, » dit la chronique. Mais si, en cette circonstance, le départ de Guy VI fit verser des pleurs à sa belle épousée, du moins les habitants du petit État dont il était le souverain, plus favorisés sous ce rapport que leurs

(1) Guillaume Pot, seigneur de la Prugne-au-Pot, épousa Radegonde, de l'ancienne maison d'Auvergne ; elle était veuvé en premières noces de Guy V de La Trémouille, grand panetier de France, mort à Loudun, en 1350. Elle était la mère de Guy VI de La Trémouille et devint celle de Regnier Pot par son second mariage. Le nom de la famille Pot, dont la généalogie ne remonte qu'à saint Louis, et dont les membres furent seigneurs de Rhodes, vient d'un sobriquet comme celui de Capet de *capito*. Pot est le synonyme de casque. On appelait, au moyen âge, pot une espèce de morion ou de salade, légère armure que portaient le gens de pieds.

puissants voisins, n'eurent point à gémir comme ceux-ci sur la splendeur des équipages seigneuriaux dont Froissard fait une si charmante description ; car ils ne coopérèrent en rien à leur magnificence, le peuple de Bois Belle étant non-seulement exempt de milice, mais de tout subside pour frais de guerre. Vous m'objecterez peut-être que le pays était de si médiocre étendue et ses habitants si nécessiteux, que le fait s'explique par la pauvreté générale de l'État. Hélas ! je vous répondrai qu'en ce temps-là il en était de même à peu près partout, et que cependant il n'existait pas une chétive chaumière autour de laquelle gloussaient une poule et ses poussins qui n'en dût la redevance à plus puissant et à plus riche qu'elle, Bois-Belle excepté toutefois ! J'aime à penser qu'en l'absence de son glorieux époux, Marie de Seuly alla quelquefois réjouir ses yeux par la vue de cette petite commune qui se gouvernait si sagement, en l'absence de son souverain, que le maître des eaux et forêts n'eut jamais l'occasion de sévir contre les déprédations des habitants de la principauté dans le domaine particulier du seigneur, gardé seulement par le respect et l'affection de ses sujets.

Mais l'histoire est muette sur ce chapitre, et ne parle absolument que de la captivité du noble seigneur dont Marie déplorait l'absence.

Fait prisonnier par les Turcs, le sire de La Trémouille reçut de Bajazet une liberté conditionnelle, c'est-à-dire qu'il s'engagea à venir se remettre dans les fers s'il ne remplissait pas les conditions du traité qui le faisaient libre. Guy VI partit donc avec le maréchal Boucicaut pour Mitylène, afin d'obtenir du grand prieur d'Aquitaine l'argent nécessaire au rachat des chevaliers vaincus à Nicopolis, cette triste défaite après laquelle les vautours, plus humains que les hommes, respectèrent les cadavres des chrétiens restés sur le champ de bataille.

A peine les deux nobles preux furent-ils arrivés dans l'île que le sire de La Trémouille y tomba malade et y mourut, en 1397. L'année suivante, l'empereur Sigismond, touché des maux qu'enduraient les chrétiens en captivité chez les infidèles, fit don au comte de Nevers de mille ducats pour se racheter, et, dans les lettres impériales qu'il octroya en cette circonstance, la rançon de Regnier Pot, qualifié du titre de chambrier du roi, y figure pour une somme de trois mille francs. Si le nom de Regnier Pot est tombé sous ma plume, ce n'est point tout à fait parce qu'il est le frère de Guy VI, mais plutôt parce que les descendants de ce noble chevalier devinrent plus tard les propriétaires du fief de Menetou-Salon ou Sarlon (1), situé à deux lieues de Bois-Belle dont il relevait directement. Il est rapporté par Paillet que Regnier Pot, l'aïeul des grands feudataires d'un si petit royaume, étant allé à la guerre contre les ennemis du nom chrétien, fut pris et amené devant le grand seigneur; celui-ci, après avoir employé divers moyens pour le faire renoncer à la foi catholique, sans pouvoir réussir dans ses tentatives, le fit jeter (nouveau Daniel) dans la fosse aux lions pour y devenir

(1) Le château de Menetou-Salon, autrefois le fief Pot, n'a rien d'ancien dans son architecture. C'est une fort belle habitation moderne qui est possédée par le prince d'Arenberg.

la proie de ces bêtes féroces. Regnier Pot, dont une nombreuse assemblée attendait le supplice, fit humblement sa prière à Dieu et à Notre Dame la très-sainte Vierge; puis, baisant son écu en s'écriant : *Tant y vault !* qui est la devise de sa maison, il leva la trappe de la loge du lion et attendit.

Ce dut être, à mon avis, un curieux et bien émouvant spectacle que celui de ce chevalier chrétien dont l'âme, encore plus vaillante que le bras, ne faiblit point dans la lutte inégale qu'elle allait soutenir contre les griffes d'un monstre.... Longtemps les deux champions s'étreignirent corps à corps; l'assemblée frémissait d'horreur et d'angoisses; les rugissements du lion glaçaient d'épouvante les cœurs des assistants, excepté toutefois celui du brave chevalier qui combattait pour l'honneur de Jésus-Christ. Enfin, après une lutte acharnée, la victoire, au grand contentement de l'assemblée, resta à Regnier Pot. Le sultan, voyant bien alors qu'il ne pouvait rien gagner sur ce généreux athlète de la foi chrétienne, lui donna la liberté. Ce Regnier Pot fut aussi bon ambassadeur qu'il était fameux guerrier. Ce fut lui qui négocia le mariage du duc de Brabant, frère du duc de Bourgogne, avec Élisabeth, fille unique du marquis de Moravie, duc de Luxembourg, et nièce du roi des Romains, de Bohême et de Hongrie.

Je m'imagine que ce peut bien être à cette glorieuse mission de Regnier Pot que l'église de Bois-Belle a dû d'être mise sous le vocable de sainte Élisabeth de Hongrie ou de sa nièce, sainte Élisabeth de Portugal. Le pieux chevalier avait sans doute rapporté de son voyage dans la patrie de l'illustre sainte quelques reliques dont le don charitable a introduit, dans la chapelle qui en a été honorée, une dévotion plus particulière pour elle. La cloche de la chapelle de Bois-Belle, qui existe encore à Henrichemont, porte ces mots, frappés à l'intérieur : « Sainte Élisabeth, priez pour nous. » Cependant, une vieille tradition, conservée dans le pays, attribue le primitif honneur du patronage de l'église à saint Pierre, dont une petite statuette, dernier débris de l'église, orne encore l'encoignure d'une maison du bourg. Il n'est donc pas impossible que la chapelle, dédiée d'abord à ce saint, ait reçu un nouveau baptême par suite d'une circonstance qui, si elle n'est pas catégoriquement connue, n'en reste pas moins suffisamment indiquée. J'ai sous les yeux un manuscrit fort curieux, écrit en 1670. Il commence par ces mots : « Au nom de Dieu le Père, le Filz et le Sainct-Esprit, journal pour les procureurs fabriciens des églises de la souveraineté d'Henrichemont et Bois-Belle : *Zelus domus tuæ comedit me et opprobria exprobrantium tibi ceciderunt super me. Psal.* »

« Je brûle de zèle pour la maison du Seigneur. » Signé : François Amériault, procureur fabricien.

Il contient un *advis* aux fabriciens, un fait chronologique des fondations, et la liste des tableaux et ornements qui existaient à cette époque dans les paroisses ; une note sur le gage des officiers, et certes celui des vicaires y figure pour bien peu de chose, ainsi que l'indique ce passage du manuscrit où il est dit : « Dû à M. le curé, pour la pension de son vicaire, trente-six livres payables par quatier ». Convenez qu'en ce temps là on ne pouvait guère accuser l'église de grever l'État. Ce manuscrit dont on ne peut révoquer l'authenticité désigne positivement l'église de Bois-Belle sous le nom de Sainte-Elisabeth, ce qui me fait supposer que si elle n'a pas toujours porté le nom, elle le possédait du moins depuis fort longtemps, lors des premières constructions d'Henrichemont, et que celui de Saint-Pierre n'était peut-être que celui d'une de ses chapelles.

CHAPITRE VI.

Marie de Seuly, restée veuve avec deux enfants, dut, malgré la tendresse pour son mari et peut-être même à cause de cette tendresse, donner un protecteur légitime à ses fils encore en bas âge. Elle épousa, en 1401, un gentilhomme de Gascogne nommé Charles d'Albret, comte de Dreux et de Gaure, vicomte de Tartas, un des plus grands seigneurs de l'époque, cousin du roi Charles VI par sa mère, Marguerite de Bourbon, et l'un des plus zélés défenseurs de la nationalité française lorsque celle-ci fut attaquée par les Anglais, sous les rois Charles VI et Charles VII.

Une des clauses du contrat de mariage de Marie de Seuly avec Charles d'Albret (1)

(1) La famille d'Albret est originaire de Gascogne : son écu est de gueules plein. — Tableau de la postérité de Marie de Seuly et de Charles d'Albret :

CHARLES II, SIRE D'ALBRET, ÉPOUSA ANNE D'ARMAGNAC,

Trois enfants : Jean d'Albret, Louis d'Albret, Arnaud-Amanien d'Albret.

Jean Ier d'Albret épousa Catherine de Rohan.
Louis d'Albret, cardinal.

1.

Alain, le grand sire d'Albret, épousa Françoise, fille de Guillaume de Bretagne et d'Isabeau de La Tour d'Auvergne.

1.

Jean, seigneur d'Albret, épousa Catherine, reine de Navarre.

Henri de Navarre, duc d'Albret, épousa Marguerite de Valois, duchesse de Berry.
Jeanne, reine de Navarre, épousa Antoine de Bourbon duquel est issu notre grand roi Henri IV.

Arnaud - Amanien d'Albret, souverain de Bois-Belle, épousa Isabeau de La Tour d'Auvergne (2), veuve de Guillaume de Bretagne.

1.

Jean d'Albret, sire d'Orval, souverain de Bois - Belle, épousa Charlotte de Bourgogne. Ils eurent trois filles :

Marie d'Albret, comtesse de Nevers, souveraine de Bois-Belle, qui épousa Charles de Clèves.

Charlotte-Henriette-Héloïse de Clèves, qui épousa Charles de Gonzague.
Charles de Gonzague II qui, en 1609, vendit Bois-Belle à Maximilien de Béthune, duc de Sully.

(2) La famille de Latour d'Auvergne portait d'azur semé de France à la tour crénelée d'argent.

porte qu'en cas de mort de l'épousée, l'usufruit de la baronnie de Seuly appartiendra à son époux, « afin, dit l'acte, que Mgr d'Albret aide les enfants de M. de La Trémouille pour leur mieux et dignement assignés et gradués quand le cas y écherra. »

Charles I d'Albret devint connétable de France après la mort de Louis de Sancerre, et commanda l'armée française à la bataille d'Azincourt. Il périt dans cette funeste journée. Il avait été, durant sa vie, pourvu des charges de grand échanson, de grand bouteiller, de grand chambellan, de grand-maître, de grand châtelier, enfin de tout grade dont le titre peut être précédé de l'adjectif grand. Nul homme de son temps n'a été plus qualifié que lui. Il laissa, de son mariage avec Marie de Seuly, Guillaume et Charles II d'Albret qui eut en partage, dans la succession de sa mère, la souveraineté de Bois-Belle. Les terres de la Chapelle, des Aix-Dam-Gilon, d'Agen, de Clémont, d'Orval, d'Épineuil, de Menetou-Salon, de Saint-Amand, de Bruères, de Châteaumeillant, furent l'apanage de Guillaume; mais, comme il

mourut sans postérité, elles retournèrent à
Charles I¹. Labaronnie de Seuly passa aux
enfants que Marie avait eus de son premier
mariage avec Guy VI de La Trémouille.

CHAPITRE VII.

Charles II d'Albret fut le second souverain de Bois-Belle qui vit les franchises de l'État attaquées par les officiers du roi. En l'année 1442, un nommé Toulouze, serviteur du bailli du Berry, saisit, au village d'Achères, en l'hôtel du prieuré, situé dans les fins et rentes de la principauté de Bois-Belle, trois chariots de sel non gabellés.

Le gouvernement du pays n'était plus confié aux faibles mains d'une pauvre jeune fille encore mineure. Le sire d'Albret était non-seulement puissant, mais il était brave ; il se décida à défendre les priviléges de l'État les armes à la main. Néanmoins, il tenta, en premier lieu, un accommodement pacifique qui réussit. Il soutint donc qu'il était « vray seigneur de Bois-Belle ; » qu'en conséquence, il était seul maître chez lui, « ne devant foi et hommage ni au roi, ni à nul autre seigneur ains de Dieu et de l'épée. » C'est ainsi que s'expriment les vieux titres qui rapportent les lettres patentes accordées en même temps, en cette occasion, à la principauté (1).

Charles II s'était marié en 1418 ; il s'était allié à cette malheureuse famille d'Armagnac qui embrassa le parti d'Orléans (2), et dont presque tous les membres moururent de mort violente. La princesse Anne, qui devint la femme du souverain de Bois-Belle, était fille de l'illustre et infortuné prince Bernard d'Armagnac qui venait d'être massacré après la rentrée des Bourguignons à Paris.

(1) Il fut déclaré que Mgr d'Albret avait suffisamment prouvé son fait, et, pour ce, « les habitants de Bois-Belle et le seigneur de ladite terre furent maintenus et gardés en la bonne possession et saisine de leurs droits, prérogatives, libertés, franchises et immunités, exempts de tailles, aydes, gabelles, sans que les officiers du roy pussent rien demander ni exiger. » (Cette sentence se trouve aux archives du conseil d'État.)

(2) Le duc d'Orléans était le gendre de Bernard d'Armagnac et le beau-père de Charles II d'Albret.

A cette époque, le Berry souffrit mille maux. Les Anglais, maîtres de Cosne, se répandirent bientôt dans la campagne pour y porter le deuil, la famine et la désolation.

Anne d'Armagnac n'était mariée que depuis un an lorsque arriva le pillage de l'abbaye de Saint-Satur, qui n'est située qu'à huit lieues de Bois-Belle et de la Chapelle-Dam-Gilon, lieu où la dame d'Albret faisait quelquefois sa résidence en l'absence de son époux. Le château n'étant point fortifié, comme il le fut plus tard, le sire d'Albret, tant pour sa sûreté personnelle que pour celle des biens avoisinant la Chapelle-Dam-Gilon, manda les habitants de Bois-Belle pour faire le guet au château. Ceux-ci répondirent à cet appel du seigneur et firent ponctuellement un service de garde pendant tout le temps des guerres intestines du pays mêlées aux envahissements de l'étranger. Mais quand Charles II d'Albret eut, sous la conduite de la Pucelle d'Orléans, chassé les Anglais de France; que la praguerie fut éteinte, le pouvoir royal affermi, les bandes espagnoles exterminées ou mises en déroute, le Berry avec la France entière commença à respirer, et les habitants de Bois Belle, ne voyant plus d'urgence à défendre la propriété de leur souverain , songèrent avec une sorte d'effroi qu'ils compromettaient le principe de leurs priviléges en faisant régulièrement, et par ordre, un service militaire auquel rien ne les obligeait. L'affaire d'Achères avec le grenier à sel de Bourges avait éveillé, dans l'esprit des magistrats, des craintes sérieuses sur les risques que pouvaient courir les franchises. Ils étaient d'accord avec Pline pour croire que leurs ancêtres étaient du nombre de ces habitants du Berry que cet auteur nomme Cubi et qui conservèrent, sous les Romains, leur primitive liberté. Loiseau dit que, « lorsque les Franks conquirent les Gaules, ils se firent seigneurs des personnes et des biens des Gaulois, » c'est-à-dire qu'ils firent de ceux-ci des serfs, des gens que les Romains nommaient *addictos glebœ*, soumis à la glèbe (1),

(1) Attachés à un fonds de terre. Roture vient du latin *rumpere*, rompre les glèbes, défricher, labourer. Par une acception semblable, rupture était pris tantôt pour le labourage, tantôt pour le droit que le tenancier payait au seigneur comme redevance d'une pièce de terrain

estimables cultivateurs dont tous les roturiers sont sortis !

Les habitants de Bois-Belle étaient presque tous des roturiers, quoique dans cette principauté on veuille compter, quarante-deux fiefs ; cependant, et en dépit de cette prétention, je m'imagine que les possesseurs de tous ces pigeonniers n'avaient pas besoin d'être initiés à la science des signes, ainsi qu'on nommait autrefois le blason, pour connaître l'origine de leurs ancêtres ; mais, à défaut de la noblesse d'épée, ils possédaient par droit d'héritage quelque chose qui leur en tenait lieu, c'est-à-dire la liberté, ou l'égalité devant la loi ! Les habitants de Bois-Belle, accoutumés à jouir de franchises illimitées depuis un temps immémorial, les considéraient absolument comme une chose aussi naturelle et aussi indispensable à leur existence que l'air qui les faisait vivre. D'une autre part, les magistrats du pays,

prise à rompre, à briser. Le surnom de rupturiers, roupturiers, fut donné, dès ce temps-là, à cette classe d'hommes qui devaient rompre, gaagner les terres aux us et coutumes du pays. (Hauteville, *Origine de la noblesse.*)

comprenant fort bien que l'État ne se maintenait en liberté qu'avec le concours du seigneur, ils se gardèrent bien de mécontenter celui-ci en lui refusant brutalement le service militaire qu'il exigeait d'eux; ils se contentèrent de lui exposer dans une requête la crainte qu'ils avaient de se voir assujettis plus tard à ce qu'ils octroyaient de bonne volonté, et demandèrent que l'exemption du guet qu'ils faisaient au château de la Chapelle-Dam-Gilon fût reconnue libre par lettres patentes signées du souverain.

CHAPITRE VIII.

Ces lettres ne se firent point attendre : elles furent enregistrées le 19 août de l'année 1443, et sont ainsi conçues : « Comme, à l'occasion des guerres de ce royaume, avons mandé nos bourgeois et autres sujets de la principauté de Bois-Belle qui sont notre propre, sans moyen et franc-alleu, de venir faire le guet en notre chastel de la Chapelle-Dam-Gilon, pour leur sûreté et pour la mienne, à quoi nous ayant obéi jusqu'aujourd'hui....

« Savoir faisons que n'avons entendu ni entendons que ce soit par droit, devoir, que nos dicts bourgeois y soient tenus, mais seulement par vraye obéissance, ni ne voulons qu'il leur puisse tourner pour le temps à venir à servitude, ni contre leur privilége et franchises en aucune manière. »

Certes, de pareilles lettres sont à la gloire de l'homme qui les a dictées tout autant qu'elles honorent les habitants du pays où elles ont été promulguées.

Amanien d'Albret, fils de Charles II (1), succéda à son père dans la souveraineté de Bois-Belle ; il contracta mariage avec Isabelle de La Tour, fille du comte de Bologne et d'Auvergne, qui pour lors était veuve de Guillaume de Bretagne, comte de Ponthieu ; elle n'avait eu de sa première alliance qu'une fille nommée Françoise, qui, par son mariage avec le fils d'Alain d'Albret, devint une des aïeules de Henri IV. Isabeau de La Tour était la troisième fille de Bertrand de La Tour, auquel les comtés de Bologne et d'Auvergne échurent en partage après la mort de Jeanne de Bologne, deuxième femme du duc Jean de Berry. Bertrand de

(1) L'aîné de la famille d'Albret, d'où descend le roi Henri IV, ayant retenu l'écusson de gueules plein, premières armes de la famille, Charles II d'Albret ajouta, comme puîné, un bord d'argent dentelé à son écu. (Hauteville, *Origine de la noblesse de France.*) .

La Tour descendait en ligne directe de Robert le Grand; il bailla au roi Louis XI le comté de Bologne et en reçut en échange le comté de Lauraguès, ainsi que les terres allodiales de la même ville, en Castelnaudary (1). Charles II d'Albret, lieutenant du roi en Catalogne, y mourut en 1462, laissant sa veuve encore jeune et ses fils en bas âge. L'aînée des filles, nommée Marie, était déjà mariée au comte de Nevers; elle mourut sans postérité. Il ne me paraît pas qu'à cette époque les biens de Charles d'Albret aient été partagés entre les différents membres de sa famille; la comtesse Isabeau resta tutrice de ses fils et de sa plus jeune fille, nommée Françoise. On peut donc la considérer comme une souveraine de Bois-Belle; du reste, c'est en cette qualité que nous la voyons agir dans les différents événements qui se passèrent dans la principauté durant cette période peu fertile en incidents particuliers, mais féconde en troubles, en malheurs publics. Une guerre intestine désolait le Berry. Le duc Charles, frère du roi Louis XI, investi de ce

(1) Guy Coquille, p. 300.

duché depuis 1461, s'étant laissé entraîner, par les seigneurs mécontents, dans la Ligue du bien public, tout ce qui tenait pour lui alors prit parti dans ces hostilités. On ne peut lire sans une profonde douleur ce que les annales de cette époque rapportent sur les faits qui s'y sont accomplis. En ce temps-là, on ne procédait que par actes de violence; les haines héréditaires qui existaient entre les membres des grandes familles du Berry avaient fait de ce pays une arène, un tournoi dans le centre duquel s'accomplissaient chaque jour des faits odieux, des turpitudes sans nom. Le grand ennemi de Jacques Cœur, ou plutôt celui qui devait sa fortune à la confiscation de celle du grand argentier, Dammartin de Chabannes, s'était sauvé de la Bastille où Louis XI l'avait fait enfermer. La réapparition de ce chef d'écorcheurs produisit sur la province le même effet que les ailes du vautour quand celui-ci prend son vol pour chercher une pâture : tout ce qui se sent faible et emplumé frissonne alors sous l'œil fascinateur de l'oiseau de proie ; les courbes qu'il décrit dans les airs avant de fondre sur la victime qu'il a choisie ont déjà vaincu celle-ci par le sentiment si cruel de l'effroi. De même, les pauvres campagnards du Berry, ceux dont les habitations entouraient les châteaux ou les abbayes, s'enfuyaient épouvantés au moindre mot d'alarme, à la plus petite annonce d'une de ces bandes qui, sous prétexte de combattre pour les intérêts de tous, pillaient pour leur propre compte ou bien satisfaisaient seulement la rancune particulière d'un de leurs chefs.

La comtesse de Nevers, fille aînée de la souveraine de Bois-Belle, se trouvait à Saint-Amand quand la ville fut prise d'assaut; ainsi que la forteresse de Montrond qui lui appartenait; celle-ci ayant également capitulé, la comtesse se réfugia près de Louis XI qui l'accueillit à merveille. C'est ainsi que les villes passaient d'un joug à un autre presque toujours sans profit, quoiqu'on doive convenir que bon nombre d'elles durent l'organisation d'une commune à ce changement de maître, particulièrement celles qui s'annexèrent à l'État. Il ne faut pas se dissimuler que si, en de telles circonstances, la souveraineté de Bois-Belle échappa à un assujettissement quelconque, elle le dut à la déférence de sa municipalité envers le seigneur souverain de l'État tout autant qu'au grand caractère de celui-ci. Supposez, pour un instant, la principauté entre les mains d'un de ces avides barons qui faisaient monnaie de tout, même de leur propre honneur, les habitants de Bois-Belle ne tarderont pas à être soumis à un impôt quelconque, et si, dans cette grave circonstance, soit qu'ils croient devoir entrer en rébellion contre leurs seigneurs, soit qu'ils aillent simplement se plaindre de ses vexations au duc de Berry ou bien au roi de France, vous verrez indubitablement l'arbitre de ce démêlé terminer l'affaire comme ce juge de Lafontaine, dans sa jolie fable intitulée *l'Huître et les Plaideurs*. Au lieu de cela, le souverain est équitable, le peuple soumis ; la politique se borne à la soumission aux lois ; le règne de la liberté s'établit partout.

Ce qui se passa à Bois-Belle, dans les premiers jours de l'année 1448, est un de ces traits caractéristiques qui constatent d'une façon toute particulière comment les magistrats de Bois-Belle ont de tout temps com-

pris la nature et les droits de leur charge.
C'était un dimanche, par un temps superbe;
le soleil ressemblait à une gerbe d'or dont
les épis brillants, tout garnis de dards
enflammés, paraissaient vouloir se pencher
sur la terre et s'enfoncer dans le cœur des
plantes afin d'en sucer le parfum. A l'église,
la première messe était dite; celle de dix
heures n'était point sonnée, et la grande porte
ouverte de l'édifice tendu de noir laissait
apercevoir le chœur de la chapelle faible-
ment éclairé par la lueur sépulcrale de la
lampe du sanctuaire.

Les rues de Bois-Belle étaient encombrées
de curieux; il était aisé de s'apercevoir que
cette foule qui s'agitait, se pressait et jasait
sur la grande place de la ville ne lui appartenait pas tout entière; d'ailleurs, la différence des cornettes des femmes montrait
évidemment que les villages voisins avaient
fourni leur contingent à cette assemblée
extraordinaire venue là pour assister à la
cérémonie de l'amende honorable qu'un sergent de Bois-Belle devait faire ce jour-là à
l'église, sur l'arrêt du prévôt qui l'avait condamné à subir cette peine pour avoir exploité

dans l'enceinte du prieuré d'Achères, sans en avoir auparavant demandé la licence au prieur du couvent.

On pouvait remarquer que pas un seul magistrat de la principauté n'allait et ne venait par les rues ; les femmes et les filles de ces hauts fonctionnaires s'abstenaient également de se mêler à la foule ; elles se contentèrent presque toutes de soulever un pan du rideau de leur fenêtre lorsque le tintement lugubre de la cloche annonça, par un glas, que la triste sentence allait recevoir son exécution (1).

En cette circonstance, la sévérité du prévôt avait eu deux motifs qui atteignirent tous

______

(1) Il est dit dans cette sentence que la terre et seigneurie de Bois-Belle est exempte de toute juridiction du roi ; qu'en icelle terre, les sergents du roi ne peuvent exploiter, et que les manants et les habitants en icelle seigneurie sont francs et exempts de tout subside.

L'extrait de cette sentence est tiré des pièces d'un procès qui eut lieu entre les descendants de Sully.

Le mémoire est signé : Guy de Prunay, avocat ; contre-signé par MM. Fagon de Caumont, d'Argenson, Amelot de Chaillon, conseiller ; Augrand, maître des requêtes ; Guslard, conseiller de la première chambre, et Reuille, conseiller de la deuxième.

les deux le double but qu'il s'était proposé : le premier était de prouver, par un arrêt, la possession des franchises dont jouissaient les habitants de la principauté, tandis que, d'une autre part, l'exécution de ce même arrêt était, pour les magistrats de Bois-Belle, l'exercice du droit de juger les causes en dernier ressort, acte qui constituait le pouvoir souverain de l'État.

Ce sergent avait donc été condamné à faire amende honorable, en chemise, à genoux, un cierge de quatre livres à la main.

Les populations campagnardes (et celle de Bois-Belle n'a jamais cessé de l'être) ressemblent toujours à des enfants bien ou mal dirigés ; quels que soient l'intelligence naturelle d'un paysan et le degré d'éducation auquel il soit parvenu dans le cercle borné de la science enseignée par les petites écoles rurales des institutions ou des Frères, le paysan reste, malgré tout, dans une certaine mesure, à l'état d'enfance pour une infinité de choses et dans une multitude de circonstances ; son jugement se fausse ou se redresse par l'expérience ou le contact ; il améliore ou enlaidit son âme ; il peut élever son esprit, mais jamais à la hauteur de l'homme qui pense au lieu d'agir. Il n'est donc pas aussi coupable que ce dernier dans les fautes qui leur sont communes, et il ne peut jamais être aussi bon avec la même volonté de l'être, car il lui manque le sens et le moyen de faire une aussi bonne application de ses vertus..

Dans la subtilité du tien et du mien, le paysan égare souvent sa probité; le désir de posséder lui fait acquérir l'ordre et la finesse dans les affaires dont il ignore la véritable entente. S'il est le voisin d'un homme enrichi frauduleusement, il est tenté vingt fois par jour de l'imiter, car il comprend mal la flétrissure morale qui s'allie quelquefois à l'apparence de l'estime publique et à l'exercice du pouvoir.

La générosité d'un homme dont la fortune s'amoindrit lui cause le plus profond mépris. Il n'a aucune considération pour sa personne, quelque bien qu'il en reçoive, et cela parce que son intelligence, son instruction, peu développées, laissent pour lui dans les limbes l'analyse des causes qui influent sur le cœur humain, et font agir de telle ou telle sorte les individus. Aussi arrive-t-il presque toujours que si un paysan devient tout à coup riche, la première génération qui s'élève dans la fortune tombe généralement dans les errements que le bon sens de ses ancêtres regardait autrefois comme une tache dans autrui ; et s'il tombe dans cette faute, après l'avoir entrevue, c'est bien parce qu'il est comme l'enfant inhabile à la pratique de la vie dont son ignorance lui avait voilé jusque-là tous les écueils.

Le paysan a donc besoin d'être dirigé pour être bon, et, toujours parce qu'il ressemble à l'enfant, il se mutine de l'être. Il faut absolument lui faire croire qu'il fait sa volonté si l'on veut qu'il obéisse.

Il est à croire que les autorités de Bois-Belle avaient résolu ce grand et simple problème ; leur fermeté faisait respecter leur autorité ; les immunités de la commune évitaient, du reste, aux habitants l'idée de devenir séditieux. D'une autre part, la religion possédait tous les cœurs de l'État, car le souvenir de saint Jacques l'ermite était encore vivant dans le pays. Le peuple de Bois-Belle était donc généralement bon, quoiqu'il se fût réuni presqu'en joie pour assister à la pénitence imposée à un de ses semblables.

Il n'y a que l'éducation déjà avancée, ou une instruction religieuse bien comprise (ce qui est extrêmement rare, surtout dans les campagnes où l'on est encore à la pratique de la lettre sans en posséder l'esprit), qui puisse amener les hommes à ressentir une commisération douloureuse à la vue d'un supplice ou d'un châtiment : l'homme éclairé n'est cruel que par circonstance, lorsque son intérêt personnel est en jeu ou bien qu'il est mû par la peur.

Les masses, au contraire, sont cruelles par instinct, rudesse, ignorance et brutalité, par suite d'une hallucination du cerveau, sorte de fièvre qui agite les intelligences peu développées et qui leur cause en se calmant une douleur presque repentante. Ce fut ce dernier sentiment qui prévalut dans Bois-Belle lorsque le pauvre sergent, escorté de quelques soldats de la milice bourgeoise, muni de son cierge et agenouillé devant le porche de l'église, eut fini de réciter claire-ment, en face du clergé, de M. le bailli, de

MM. les conseillers de la chambre souveraine de la principauté, la formule de pardon à laquelle il était soumis. Les deux haies d'hommes et de femmes qui s'étaient formées sur son passage au moment où il partait pour l'église, au lieu de se resserrer à son retour, s'élargirent par un mouvement de charitable pudeur. S'il eût levé les yeux, il n'aurait vu dans les regards de la foule que l'expression d'une profonde pitié.

La messe fut entendue ce jour-là à Bois-Belle presque sans distraction, et les danses publiques défendues par M. le bailli.

L'autorité souveraine emprunta ce droit de grâce au seigneur; car c'était une grâce faite au patient que cette mesure puisée aux sources du gouvernement patriarcal, seigneurial et municipal de l'État.

CHAPITRE IX.

En l'année 1478, le roi Louis XI ayant nommé des commissaires pour réprimer les abus qui se commettaient en Berry sur le fait des gabelles, on en prit occasion pour attaquer les franchises de la principauté.

Je l'ai déjà dit, je crois, toute l'histoire de Bois-Belle se borne à peu près à la lutte courageuse, pacifique, éclairée, que les habitants soutinrent à toutes les époques contre les atteintes royales, et au victorieux résultat de toutes les démarches faites en vue de sauvegarder les immunités de ce petit pays.

Isabeau de La Tour, agissant en souveraine de Bois-Belle comme tutrice de ses enfants, exposa ses plaintes au roi, qui nomma une commission afin d'entendre les témoins sur les franchises de Bois-Belle. Je cite le texte des titres de l'époque : les assignations furent délivrées le 11 décembre; l'enquête eut lieu le 12. Elle fut faite à la requête des habitants de Bois-Belle, d'Isabeau de La Tour, veuve d'Amanien d'Albret, du prieur de Notre-Dame d'Achères et du procureur général du roi.

Les témoins déposent que (1) « les manants de la seigneurie de Bois-Belle jouissent de la liberté de vendre et d'acheter du sel non gabellé; qu'ils sont francs, quittes et exempts de tailles, etc.; que Bois-Belle est une seigneurie privilégiée; qu'il y a justice haute, moyenne et basse, sergent, prévôt et bailli; que les appellations sortissent du seigneur du lieu où le procès perd fin, sans qu'on ait accoutumé de plaider ailleurs, soit devant le bailli du Berry, soit au parlement; que le seigneur de Bois-Belle accorde grâce et rémission au délinquant; qu'on dit que

(1) Tout ce qui est entre parenthèses est tiré du même mémoire cité plus haut, dont les pièces justificatives sont déposées au conseil d'État.

les habitants de Bois-Belle n'ont d'autre seigneur que le seigneur de Bois-Belle; *qu'il est le roi de Bois-Belle.* »

D'après cette enquête, il fut accordé à la dame d'Albret, ainsi qu'à ses sujets, des lettres patentes datées du 11 octobre 1479, et adressées à la cour des aides pour confirmer les franchises de la principauté (1). Cette justice du roi, si jaloux de son autorité, si méticuleux dans sa manière de l'exercer, est un des faits les plus remarquables de l'histoire politique de ce temps; car, remarquez bien que l'émancipation des communes, qui eut lieu sous le règne du roi Louis XI, tient moins à l'élan d'un cœur généreux, philanthrope, ami des lois justes et équitables, qu'au désir immodéré que nourrissait ce prince d'agrandir son pouvoir en limitant celui des seigneurs devenus presque ses égaux.

Il faut bien reconnaître que le peuple a

---

(1) On trouvera, à la fin de ce volume, une des cinq lettres patentes qui furent octroyées aux habitants de Bois-Belle par les différents souverains du royaume de France.

dû la première liberté dont il ait joui à l'extension du pouvoir royal ; c'est un bienfait qu'on oublie ou plutôt qu'on néglige de lui signaler chaque fois qu'on aide sa mémoire à se souvenir de quelle manière se sont conduits les différents souverains à son égard.

Pour que le roi Louis XI, ce profond politique, ce cauteleux voisin, ce maître redoutable, ait maintenu le peuple de Bois-Belle dans ses franchises et priviléges, il faut certainement qu'il ait reconnu quelque chose d'extraordinaire dans l'organisation de cette petite commune, unie si étroitement à un maître, et par des liens si doux qu'elle semble ne faire qu'un avec lui ; il faut, dis-je, que la sagesse et la prudence de l'une et de l'autre aient été poussées bien loin pour avoir frappé les yeux du monarque au point de lui faire abandonner l'idée de dominer dans son gouvernement ce souverain de Bois-Belle, aussi maître chez lui qu'il l'était lui-même en France.

Louis XI était un esprit subtil et calculateur ; il n'agissait jamais avec légèreté. On peut donc conclure qu'il a commenté lui-même les lettres patentes octroyées à Bois-Belle, et, parmi tous les titres qui signalent ce petit État à l'intérêt public, il n'en est pas de plus curieux et de plus extraordinaire que celui-là.

Jean d'Albret, sire d'Orval, eut en partage la souveraineté de Bois-Belle. Je n'ai pas pu retrouver la trace de son entrée en possession de l'héritage paternel, mais il est à présumer que ce fut longtemps avant la mort de sa mère, qui resta vingt-huit ans veuve.

La comtesse Ysabeau s'était retirée, après le mariage du sire d'Orval avec Charlotte de Bourgogne, dans son châtel de Montrond, près Saint-Amand.

La forteresse de Montrond, fortifiée par Charles d'Albret, était à cette époque non-seulement une des places les plus fortes du Berry, mais aussi une des résidences les plus agréables qu'on pût voir. Elle était bâtie sur une colline défendue par les eaux capricieuses et argentées du Cher, grossi en cet endroit par la Marmande ; ses hautes tours dominaient le petit val de Saint-Amand, ceinturé par des bois et des coteaux plantés de vignes.

Un vieux curé de Saint-Bonnet le Désert a laissé en manuscrit la description du magnifique château de Montrond dont les murailles, élevées vers l'an 1350, n'ont pas coûté moins de quarante millions à construire. Ses dépendances, c'est-à-dire ses jardins, son enceinte murée arrosée par le Chignon, formaient un carré ayant une lieue de tour. Les habitants de Saint-Amand et les Frondeurs qui défendirent la forteresse de Montrond pour le prince Condé, sous Louis XIV, se vengèrent du comte de Palluau, maréchal de Clérembault, auquel le comte de Persan fit la reddition de cette place importante en 1652, en disant que le comte de Palluau avait gagné son bâton de maréchal pour avoir traversé à la nage le fleuve de Chignon dont le cours plus que modeste n'a jamais pris, dans aucun temps, d'autre allure que celle d'un tout petit ruisselet.

Il est encore de tradition de répéter cette ironie en montrant l'espèce de fossé vaseux qui marque le passage du Chignon pendant l'été (car en certains endroits il n'est onde qu'en hiver). Si ce n'était point par trop m'écarter de mon sujet, j'aurais aimé à vous promener dans l'intérieur de ce superbe château de Montrond dont il n'existe plus qu'un pan de mur crevassé, dont chaque année emporte quelques pierres. Nous aurions admiré ensemble les délicieuses peintures à fresque qui décoraient la salle à manger. Le bon goût du peintre n'avait rien reproduit qui ne se trouvât naturellement sous les yeux des habitants de Montrond, dont les hautes fenêtres avaient vue sur les campagnes environnantes. Là, c'étaient des bergers jouant de la flûte dans un bocage; ici, on voyait des moissonneurs coupant et liant des blés mûrs, tandis que des femmes accompagnées de petits enfants leur apportaient à boire dans de grands vases de terre brune, nommés cruches, qu'elles portaient sur leurs têtes, ainsi que des paniers chargés de légumes et de fruits (1). Sur un autre plan, des hommes cueillaient le raisin, et de l'entrain des vendanges rien n'était oublié!...

(1) Ces peintures et tout ce qui regarde le château de Montrond ont été décrits par M. Hérault, qui vivait à une époque où ils existaient encore.

Dans une autre salle de quarante pieds de large, quelques épisodes de la vie de nos grands saints étaient merveilleusement représentés sur des tapisseries de haute lisse, et les quatre coins de l'appartement étaient ornés de quatre belles statues en pierre fine d'Apremont, de la hauteur de cinq pieds. Elles représentaient la Justice, la Prudence, la Libéralité semant des pièces d'or, et la Chasteté cachant ses attraits sous un voile pudique.

Au dehors, le beau portail qui regardait Saint-Amand supportait sur ses colonnes les figures de Pomone et de Flore qui paraissaient jeter sur la ville des guirlandes de fleurs et de fruits; enfin, les larmiers de la chapelle, de forme octogone, donnaient au sanctuaire une clarté charmante et laissaient les rayons du soleil lancer leurs feux obliques sur un énorme tableau représentant le Christ au Jardin des olives.

Que de fois la pieuse veuve d'Amanieu d'Albret s'était agenouillée au pied de ce tableau pour demander à Dieu le courage de prendre, comme Jésus l'avait pris, le calice des mains de l'ange !... Combien de fois aussi s'était-elle approchée pour y recevoir le pain de vie de la balustrade, travaillée à jours et peinte de couleur bleue, qui entourait la première marche de l'autel. Durant ces jours de deuil, où seule, chargée d'enfants en bas âge, elle avait eu à garantir leur patrimoine de l'avidité des voisins, pendant qu'elle devait s'occuper à bannir de leurs jeunes cœurs les passions haineuses qui fomentaient à cette époque de si violentes querelles parmi les grands de ce monde que tout, jusqu'aux marches du trône, y était ensanglanté....

Oui, je voudrais qu'il me fût permis de vous détailler tout au long les merveilles de ce lieu dans lequel vécut et mourut Isabeau de La Tour d'Auvergne (1). Dieu lui fit la

(1) La maison de La Tour d'Auvergne tire son nom de la petite ville de la Tour-d'Auvergne, dans le Puy-de-Dôme. Les seigneurs de La Tour devinrent comtes d'Auvergne en 1389, par le mariage de Bertrand IV avec Marie, comtesse de Bologne et d'Auvergne. Cette famille a formé plusieurs branches, entre autres celle des vicomtes de Turenne, des ducs de Bouillon, des barons de Murat, des Lauraguais. C'est d'une petite-fille d'Isabeau de La Tour d'Auvergne qu'est descendue Catherine de Médicis. Henri IV, de France, descend également d'elle.

grâce de la délivrer des peines de ce monde le 8 septembre 1488, à huit heures, tel jour, telle heure que son mari qu'elle avait tant aimé et tant pleuré....

Guy Coquille, qui narre la mort de la comtesse, dit qu'on transporta son corps à Châteaumeillant pour y être enterré en face de l'autel de la Trinité. D'une autre part, cet auteur cite, parmi les bonnes œuvres accomplies par cette sainte femme, la fondation du couvent et de l'église des Carmes, dans la petite ville de Saint-Amand-Montrond.

J'avoue qu'en lisant l'article de Guy Coquille concernant la veuve d'Amanien d'Albret, j'eus l'idée qu'il commettait une erreur en faisant enterrer la comtesse Isabeau à Châteaumeillant, tandis qu'il était bien plus simple et plus naturel de lui donner pour dernier asile les voûtes d'une cha-

Le nom de La Tour a été porté : 1° par une famille de Lombardie, connue sous le nom de della Torre; 2° par une famille princière d'Allemagne (Thum und Tassis); 3° par une famille dauphinoise, les la Tour du Pin, à laquelle appartiennent les de La Tour du Pin Montauban, les de La Charce, les de Chambly. D'Auvergne porte d'azur semé de France à la tour d'argent.

pelle qu'elle s'était plu à édifier. Cependant, le texte de Guy Coquille étant péremptoire, les archives de Saint-Amand ne possédant aucun document qui pût éclaircir le fait, je ne savais comment conclure, lorsque le hasard me mit sous les yeux les *Annales berruyères* de 1840, et j'y lus qu'en cette même année, M. Robertet, maire de Saint-Amand, avait fait la découverte d'un tombeau dans le chœur de l'église abandonnée de l'ancien couvent des Carmes. La pierre de ce tombeau, qui est certainement le couvercle d'un sarcophage placé autrefois dans l'intérieur de l'église, et non pas sous terre, ainsi qu'on l'a trouvé, a sept pieds de long; les pieds et les mains de la statue qui recouvre cette pierre ont été mutilés, ainsi que les parties saillantes de la figure; la robe longue, à parements de fourrure, indique le vêtement d'une femme, et l'aumonière à coquille, qui est soutenue à son côté par une courroie passée en bandoulière sur l'épaule gauche, indique que cette femme avait dû faire quelque grand pèlerinage. L'écu de ses armes porte trois bourdons ou bâtons de pèlerin signalés chacun par une coquille; les deux anges qui soutiennent le coussin sur lequel repose sa tête sont également ornés de coquilles aux épaules; deux têtes de lion mutilées sont à ses pieds, et la date de 1494, en chiffres romains, est la seule chose de l'inscription sculptée sur les bords du tombeau qui soit restée lisible.

Les *Annales berruyères* n'hésitent pas pour faire de ce tombeau celui de la comtesse Isabeau de La Tour d'Auvergne. Malgré le vif désir que j'aurais moi-même que la chose pût être vraie, il faut bien convenir cependant que le fait est très-douteux; d'abord, la date de la mort de la comtesse et celle qui est gravée sur la tombe ont six années de différence; puis le chapitre de Guy Coquillé dit positivement le contraire; enfin, à moins d'admettre que l'écu à trois coquilles, qui orne ce tombeau, soit une allégorie demandée comme signe d'humilité par la comtesse, avant sa mort (ce qui pourrait être et n'était point rare en ce temps-là), il est impossible de ne pas croire, au contraire, que, s'il eût renfermé les restes de la veuve d'Amanieu d'Albret, on aurait sculpté sur le couvercle de la tombe les armes de la famille d'Albret, ou bien celles de Guillaume de Bretagne, premier mari de la morte, soit enfin celles de sa propre maison.

C'est en réparant le dallage du chœur de l'église que la découverte de ce tombeau a été faite; il est à croire qu'il n'est pas la seule richesse artistique (1) qui y soit enfouie. Du reste, l'église des Carmes de Saint-Amand est un de ces anciens monuments qui se recommandent d'eux-mêmes à l'attention de l'autorité. Tandis que de tous côtés les communes se grèvent par bâtir ou relever les temples indispensables à la célébration du culte, il est bien pénible de voir changer la destination d'un bâtiment auquel il ne manque presque rien pour qu'il puisse être rendu à la religion à laquelle il appartient. L'église paroissiale de Saint-Amand est située à l'une

(1) La date de ce tombeau correspond à la présence dans le pays du dominicain Joconde auquel on doit les magnifiques sculptures du château de Meillant; et, en somme, il pourrait bien se faire que la date qu'il supporte ne soit pas un obstacle pour en faire le tombeau de la comtesse d'Auvergne, le sarcophage ayant bien pu n'être sculpté que six années après le décès de la comtesse.

des extrémités de la ville; elle est, en outre, trop petite pour contenir le nombre des fidèles les jours de grande fête; celle des Carmes, au contraire, occupe le centre de la cité; elle est convenablement pourvue de vitraux et ne sert absolument qu'à l'étalage de quelques bouchers qui nécessairement aimeront mieux, dans quelque temps, se placer dans la halle dont la construction va se faire.

Cette église, admirablement bien posée pour les besoins spirituels de la population de Saint-Amand, a été bâtie par la charité et les soins d'une pieuse femme du même nom et de la même famille que l'archevêque actuel du diocèse de Bourges. Il existe entre eux le double lien de la parenté et de la foi. Le nom de la veuve d'Amanien d'Albret, l'une des aïeules du roi Henri IV; ce nom si grand par lui-même et si pieusement porté par la digne comtesse Isabeau; ce nom, attaché à la première édification de l'église des Carmes, ne semble-t-il pas comme un appel qui vient, à travers les âges, implorer Mgr Le prince de La Tour d'Auvergne Lauraguais, archevêque de Bourges, pour qu'il lui rende sa destination primitive?...

Les difficultés à vaincre ne sont pas nombreuses : pour amener ce résultat, il suffit d'obtenir de la commune de Saint-Amand qu'elle permette à M. le curé de la paroisse de mettre un christ sur l'autel ; le reste viendra de lui-même après l'accomplissement du premier acte de piété.

Si je me permets de parler si longuement d'un monument étranger à la principauté dont j'écris l'histoire, ce n'est pas tout à fait sans avoir quelque droit de le faire. La comtesse Isabeau de La Tour d'Auvergne a été une souveraine de Bois-Belle ; ses actions et sa tombe appartiennent évidemment à mon sujet. Qu'il me soit donc permis de dire que l'église d'Henrichemont et celle de l'ancien couvent des Carmes de Saint-Amand unissent l'une et l'autre, auprès du cœur de Mgr l'archevêque de Bourges, le droit du souvenir à celui qu'elles peuvent naturellement revendiquer de sa charité apostolique.

CHAPITRE X.

Jean d'Albret succéda à Amanien d'Albret
dans la souveraineté de Bois-Belle. Il épousa
Charlotte de Bourgogne, fille de Jean, comte
de Nevers, et de Paule de Bretagne de Ponthieu. Leur premier enfant fut une fille nommée Marie, qui naquit dans l'une des trente-
deux châtellenies du duché de Nevers, au
château de Cuffy, bâti en cet endroit où l'Allier se marie à la Loire. Marie II d'Albret, qui
vint au monde le 23 mars 1490, à dix heures
du soir, fut baptisée le 1er avril suivant, par
Pierre de Fontenay; elle eut pour parrain
son oncle Gabriel d'Albret, sire de Lesparre,
et pour marraine Mme Françoise d'Albret,

troisième femme de Jean de Bourgogne, comte de Nevers. Cinq ans plus tard, à Montrond-les-Orval, le 16 juillet, naissait une autre fille nommée Hélène (1), pauvre jeune fleur qui n'eut pas le temps d'éclore pour jouir du printemps de la vie, et qui mourut avant la saison des roses ! Hélène et sa sœur Marie avaient été fiancées : l'une, à Charles de Clèves, et l'autre, à Louis de Clèves, afin de mettre fin à un débat de famille qui s'était élevé entre Engilbert de Clèves et le sire Jean d'Orval, pour la succession à venir de Jean de Bourgogne, les deux partis prétendant, chacun de son côté et par les mêmes droits, hériter du comté de Nevers. Mais Françoise d'Albret, sœur du sire d'Orval, ayant épousé Jean de Bourgogne, profita de l'ascendant qu'elle avait sur son mari pour négocier le mariage de ses deux nièces avec les deux neveux de Jean de Bourgogne. Celui de Marie II d'Albret avec Charles de Clèves fut le seul qui s'accomplit, Hélène étant morte avant l'âge nubile. La plus jeune des filles de Jean d'Albret avait déjà épousé Odet de

____

(1) Guy Coquille.

Forez, vicomte de Lautrec, mort à Blois, en l'an 1524. Marie II d'Albret, par suite de ce décès, hérita de la souveraineté de Bois-Belle ; elle était déjà devenue depuis trois années duchesse douairière de Nevers, Charles de Clèves, son époux, mort en 1521, ne lui laissant qu'un fils nommé François, comte d'Eu.

Il semble qu'il ait été dans la destinée de la principauté de Bois-Belle d'être gouvernée par des veuves. Celle ci était jeune et belle, d'une illustre lignée dont la riche et puissante alliance ne l'était pas moins. Engilbert de Clèves, le père de son mari, était un vrai preux, capitaine général des suisses, et cousin germain du roi Louis XII ; il descendait, au dire des anciens historiens, d'Hélias, ce fameux chevalier du Cygne, qui parut si merveilleusement près d'un château en grand renom, situé sur les bords du Rhin, que Vincent, au livre IV de son histoire, appelle Funamen et qu'on croit être Nimègue.

De nombreux seigneurs s'y étaient assemblés afin, dit la chronique, d'expérimenter dans un tournoi leur valeur en fait d'armes, lorsqu'il apparut à l'improviste, sur le fleuve, une nacelle conduite par un cygne lié par une chaîne d'argent. Un chevalier, armé de pied en cap et inconnu à tout le monde, sortit de cette nacelle merveilleuse pour combattre en champ clos.

Il ferrailla si bien qu'ayant remporté tous les honneurs du jour, il lui fut accordé pour prix de sa vaillance une fille de grande maison, qui l'accepta pour son époux.

Après la naissance de plusieurs enfants, fruits de cette union, la nacelle mystérieuse reparut au rivage et le chevalier inconnu disparut avec elle.

De ce chevalier et de la noble damoiselle sont issus les ducs et comtes de Clèves qui, depuis ce temps, ont toujours retenu la devise du cygne dans leurs armes (1), et se sont alliés à tout ce qui était, à cette époque, illustre et puissant (2).

(1) Guy Coquille.

(2) Adolphe, troisième duc de Clèves, épousa Marie, fille de Jean de Bourgogne, en 1414; de ce mariage naquirent Jean de Clèves; Adolphe, seigneur de Raverstein, qui épousa la nièce du roi de Portugal, et Marie de Clèves, qui devint femme du duc d'Orléans et mère

Charles de Clèves, arrêté en 1521, sans qu'aucun motif apparent autorisât cette mesure, fut enfermé dans la tour du Louvre et y mourut la même année. On supposa généralement que la captivité du duc de Clèves avait eu pour cause sa parenté avec le connétable de Bourbon (1), dont il était l'allié par sa femme. Celle-ci, frappée au cœur dans toute la fleur de la jeunesse, n'échangea jamais son chapel noir de veuve contre des atours mondains; elle se consacra entièrement à son jeune fils, François, comte d'Eu, alors âgé seulement de cinq années.

de Louis XII. Jean de Clèves épousa Élisabeth de Bourgogne; de ce mariage sont issus Jean, duc de Clèves, Engilbert, et Philippe de Clèves, qui devint évêque de Nevers. Jean II de Clèves épousa la fille du landgrave de Hesse; d'eux issurent Jean III et Mme Sibylle, femme de Frédéric de Saxe, en 1527. De Jean III issut Guillaume de Clèves, comte de Mark, duc de Berg de Juliers, qui épousa, en 1546, Marie, fille de l'empereur Ferdinand de Hongrie.

(1) Le connétable de Bourbon était petit-fils du duc de Montpensier et de Gabrielle de La Tour d'Auvergne, et fils de Gilbert de Montpensier et de Claire de Gonzague.

Ce n'était pas sans avoir éprouvé beaucoup de difficultés que la princesse Marie II d'Albret s'était vu mettre enfin en possession de son héritage. Après la mort de Jean d'Albret, son père, il s'éleva entre les deux filles de ce dernier des différends au sujet de sa succession ; les partages ne furent définitivement signés qu'à Roanne, le 1er juillet 1525. Marie II d'Albret y fut pourvue du comté de Nevers, de celui de Dreux, des seigneuries d'Argent, des Aix, de la Chapelle-Dam-Gilon, enfin de la souveraineté de Bois-Belle. Charlotte de Forez eut le comté de Rethel, Donzi, Châteaumeillant, beaucoup de terres hors du royaume, puis les terres d'Orval, Épineuil, Bruères et Montrond, qui furent pour un moment distraites de la juridiction des souverains de Bois-Belle à qui elles avaient jusque-là appartenu et auxquels elles revinrent après la mort de Mme Claude de Luxembourg, nièce de Marie II d'Albret et sœur de Gaston de Forez, né à Montrond la même année où la souveraine de Bois-Belle perdit son mari. L'horoscope de Gaston de Forez, dressé par Jean-Antoine Castillon, physicien milanais attaché au seigneur de Lautrec, avait prédit que cet enfant courrait un éminent danger à l'âge de huit années. Guy Coquille, qui a lu, dit-il, cet horoscope au castel de Montrond, n'ajoute pas s'il s'est réalisé ; mais une chose certaine, c'est qu'il ne dit plus rien de la destinée de ce prince et qu'il montre Marie II d'Albret héritant de Claude de Laval, fille de Charlotte de Forez.

Ce fut sans doute dans les premiers moments de son veuvage et de sa douleur que la jeune souveraine de Bois-Belle visita la châtellenie de la Chapelle-Dam-Gilon, et qu'elle conçut le projet de faire fortifier le château afin d'y établir avec plus de sûreté sa résidence habituelle. Elle fit construire une haute tour qui dominait tout le pays, et certes si la vue des beautés de la nature peut être un baume aux peines de l'âme, Marie d'Albret dut quelquefois secouer le poids des siennes en admirant le charmant horizon quelle avait sous ses yeux chaque fois qu'elle se plaçait au château de la Chapelle, en cet endroit où, depuis ce temps, le grand Sully a élevé une magnifique terrasse en pierres guillochées, creusées en saillies comme les assises du Louvre.

En face de cette terrasse et sur la route d'Ivoy, une grande prairie arrosée par la petite Sauldre se déroulait sous les yeux, comme un riche tapis vert, de nuances variées, que le printemps étoilait de fleurs.

La rivière, en se bifurquant, y formait deux lits enserrant un îlot tout rempli de genêts aux grelots d'or et de bruyères sauvages. Tout autour d'elle, de sombres bois tracés de gais sentiers, et, dans son parc planté d'arbrisseaux au milieu des bosquets, l'ancienne cellule de saint Jacques l'ermite, venaient rappeler à la pieuse princesse, par l'exemple et le souvenir d'un saint, que la vie est une lutte, le courage une nécessité, la résignation un devoir, la joie comme les maux un don de l'amour de Dieu, et qu'en ce dernier cas, l'épreuve qu'il nous offre à subir dans le malheur n'est, le plus souvent, que le moyen puissant dont il se sert pour nous amener à lui par la soumission à sa volonté sainte. Marie d'Albret gouverna avec une rare sagesse les biens de son fils ; aussi, le jeune prince lui laissa-t-il en partie la

direction de sa fortune même après sa majo-
rité, ainsi qu'il est prouvé par les chartes
du duché de Nevers et par les lettres patentes de François à l'époque où le comté fut
érigé en duché-pairie, et dans lesquelles il
est dit : « Du consentement de ma mère et
sans que cette clause puisse causer à celle-ci
aucun préjudice à son droit de pleine propriété. »

Pieuse et bienveillante, Marie fit chérir sa
puissance. Contrairement à l'usage de ce
temps, elle ne favorisa point la vénalité des
charges dont l'abus aurait augmenté sa fortune, aimant mieux amasser des trésors spirituels que d'emplir ses coffres aux dépens de
la justice. Généreuse sans être prodigue et
ne manquant d'ailleurs jamais d'argent, elle
se plaisait, pendant ses séjours prolongés à la
Chapelle-Dam-Gilon, d'user du droit souverain dont l'exercice lui était interdit dans le
comté de Nevers, bien plus bel apanage sans
doute que cette pauvre petite principauté
cachée dans les bois, mais qui ne possédait
pas, comme celle-ci, des franchises illimitées,
et dans lequel Marie ne pouvait pas exercer
ce beau droit de pardon, ce droit de grâce

qui lui appartenait à Bois-Belle, tandis qu'il était réservé dans le comté de Nevers au roi de France.

François de Clèves avait, depuis quelques jours, quitté sa mère pour son régiment. Marie était seule à la Chapelle-Dam-Gilon et regardait tristement, par l'ouverture d'une fenêtre du château, tomber les dernières feuilles de l'automne. Les femmes de la princesse se tenaient discrètement dans une vaste embrasure en face de celle que la comtesse avait choisie, et devisaient tout bas en s'occupant, autour d'une table, de divers travaux d'aiguilles. Les yeux de Marie, en se fixant sur la campagne désolée, regardaient machinalement sans rien voir de ce qui se passait au dehors. Toutes les pensées de la mère, portées vers son cher fils, suivaient, en imagination, ses traces bien-aimées, en priant mentalement pour lui.... Il y avait dans la prairie, située sous la fenêtre près de laquelle se tenait la souveraine de Bois-Belle, un grand peuplier isolé. Sa haute cime, dépouillée de feuillage, balançait dans les airs, entre ses légers et flexibles rameaux, un nid abandonné. La forme oblongue de ce nid artistement fermé fit réfléchir Marie à l'extrême bonté de Dieu qui s'étend particulièrement sur le faible, et donne à chaque espèce de ses créatures le secret instinct de ce qui lui convient le mieux soit pour s'abriter, soit pour se nourrir, soit pour se défendre. Marie, en abaissant ses regards sur la racine du peuplier, vit, non sans étonnement (car la bise était âpre et la terre endurcie par le froid), la belle Marie, dis-je, vit une femme accroupie sur ses talons. Cette femme avait les épaules et le buste enveloppés dans un gros vêtement de laine, et la tête couverte d'une sorte du capuchon sous l'ombre duquel flamboyaient deux prunelles dont le regard semblait se braquer sur la fenêtre près de laquelle elle s'était assise.

« Qu'est-ce ceci ? dit-elle à son entourage, en montrant du doigt cette femme à l'œil clair qui ne bougeait ni plus ni moins que si elle eût été de bois.

— Voilà déjà plusieurs jours qu'elle rôde dans les environs, dit un page ; c'est une étrangère, à n'en pas douter.

— Une infortunée, peut-être. Allez vous

enquérir, Loys, si je puis lui être bonne à quelque chose, dit la souveraine ; évidemment cette malheureuse a l'intention de s'adresser à nous ; sa contenance le prouve. »

La comtesse avait à peine achevé ces paroles que la pauvre femme, paraissant avoir deviné les charitables intentions de Marie à son égard, avait subitement quitté la place qu'elle occupait au pied du peuplier et s'avançait en toute hâte dans la direction du château. Dans l'exercice de la bonté, il y a certaine grâce qui en double la valeur : Marie II d'Albret possédait au suprême degré ce don parfait du cœur qui est à l'âme ce que le parfum est à la fleur, c'est-à-dire l'aimant qui nous conduit vers elle. La pauvre femme, en abordant sa souveraine, tremblait plus de joie que de crainte, la bienveillance de la princesse se décelant jusque dans ses moindres gestes. Donc, elle lui conta brièvement le sujet de ses chagrins : elle était de Bois-Belle, et son mari, coupable d'un méfait qu'il est inutile de citer, puisque ce méfait lui a été pardonné, venait d'être condamné à quelques mois de détention. En achevant son triste récit, la pauvre femme entr'ouvrit sa mante et montra à Marie un bel enfant tout rose, endormi dans ses bras.

« Pauvre petit! dit la souveraine avec compassion, en fixant le bambin avec ce regard particulier des mères qui retrouvent toujours dans l'enfant d'autrui leur propre maternité. Pauvre petit! il ignore au moins, lui, la cause de vos souffrances! — Encore hier il était heureux sur mon sein, Madame, reprit l'infortunée ; mais voilà que mon lait s'est tari par suite du chagrin que m'a causé son père. »

Cette petite scène avait vivement ému l'entourage de la châtelaine ; elle-même pleurait. Alors, une larme, qui devint une grâce, glissa dans ses beaux yeux jusque sur les mains de celle qui implorait sa clémence, et comme Marie était souveraine, elle usa de son droit de pardon en faisant remise de la peine à laquelle le prévôt de Bois-Belle avait condamné le mari de la pauvre femme.

Ce fut le 4 janvier 1534 *que les lettres de grâce accordées par Marie d'Albret, dame souveraine de Bois-Belle, à Pierre Thibault, charpentier, natif du royaume de Bois-Belle, furent signées (1). Elles ont été entérinées par sentence du 15 février de la même année. Le juge y est qualifié du titre de bailly de la terre, justice et souveraineté de Bois-Belle.*

Je cite textuellement le rapport d'un vieux titre de cette époque, parce qu'il constate, d'une part, la bonté de Marie d'Albret, et, de l'autre, ce fait : c'est qu'en l'année 1554 la terre de Bois-Belle était qualifiée de royaume dans un acte authentique.

Marie éprouva de bien grandes joies sur la fin de sa vie. François, son fils, qui avait pris déjà le titre de comte de Flandre en 1536, épousa, en 1538, Marguerite de Bourbon, sœur d'Antoine de Bourbon, roi de Navarre, et de Louis, prince de Condé.

Ce fut à l'occasion de cette brillante alliance que le comté de Nevers fut érigé en

(1) Tout ce qui est écrit en lettres italiques est tiré d'un mémoire signé par quatre conseillers d'État, d'un maître des requêtes et par Jules de Prunay, avocat, mémoire tendant à faire connaître les preuves de la souveraineté de Bois-Belle dans le fameux procès de succession entre le duc de Sully et le comte d'Orval.

duché-pairie (1) ; mais, hélas ! la dame souveraine de Bois-Belle ne vécut pas longtemps après cette faveur : elle mourut à Paris dans le mois d'octobre de l'année 1549, âgée de cinquante-sept ans, ayant été, durant toute sa vie, « un très-clair miroir de vertu et

(1) Guy Coquille, p. 271 : « Pairs sont dits du mot latin *pares* et non pas de *patricius*, comme aucuns songent. Ils sont dits pairs de France, comme pareils, non pas par respect du roi qui est le chef de cette compagnie des pairs, et leur seigneur qui se disoit d'ancienneté en matière de fiefs : senior ou senieur, d'où est venu le mot de seigneur françois ; mais sont dits *pairs*, pareils, c'est-à-dire à respect d'eux entre eux. L'ancien latin dit *pares* ceux qui sont les vassaux relevant immédiatement de lui et les plus dignes après lui. »

Selon François Pithou, auteur d'un glossaire pour l'intelligence des Capitulaires et de la Loi salique, le nom d'origine et les fonctions des pairs de France dérivent de l'usage commun des fiefs, lequel était que les vassaux tenant fief d'un même seigneur devaient l'assister quand il prenait possession de sa terre et le jour des jugements des causes des fiefs ; on appelait, par cette raison, ces vassaux pairs de fiefs ou de la cour. Au temps de Louis le Jeune, il y avait douze pairs de France. Le jour du sacre du roi, durant la cérémonie, ces pairs avaient sur la tête un cercle d'or en forme de couronne. Sous la maison de Bourbon, un grand nombre de baronnies furent érigées en duchés-pairies et réunies ensuite à la couronne.

d'honneur, dit Guy Coquille, excellente en sagesse et bonté, aymant ses subjects, se rendant familière avec eulx pour cognoistre leurs nécessités et leur faire secours en icelles, grandement soigneuse de justice, et joignant à la gravité d'une princesse de si haute lignée, ajoute l'auteur nivernais, toute la grâce d'une vraye et simple femme. »

CHAPITRE XI.

Après la mort de Marie II d'Albret, son fils, François Ier, duc de Nevers, lui succéda dans la souveraineté de Bois-Belle. Ce ne fut aussi qu'à la suite de cet événement qu'il fit son entrée solennelle dans la capitale de son duché de Nevers; la ville lui offrit, en cette occasion, un petit navire d'argent sur lequel se tenait un chevalier armé de pied en cap, attaché à un cygne de même métal sur l'aile duquel on avait gravé les armes de la maison de Clèves. Ce joli bijou pesait seize marcs et possédait, en outre de sa valeur intrinsèque, le mérite de rappeler au duc de Nevers l'origine fabuleuse de ses ancêtres.

Créé gouverneur de la Champagne, du Luxembourg et de la Brie, François fit la guerre avec éclat. S'étant trouvé, en 1557, à la bataille de Saint-Quentin, il rassembla, après la défaite des Français, les débris de l'armée vaincue, et se montra, en cette circonstance, aussi charitable que vaillant chevalier en prenant soin des blessés, malheureusement trop nombreux dans cette triste journée.

Les sujets de Bois-Belle ne partagèrent ni sa libéralité, ni ses exploits ; ce petit peuple, étant exempt de milice, n'allait point à la guerre pour le compte d'autrui ; il se maintenait en paix sans le secours de personne, ne devant ses franchises ni à la fraude, ni à l'usurpation, ni à la réunion d'aucun pouvoir fédératif ; mais seulement à la sagesse municipale qui le conservait dans la loi naturelle de la liberté à l'égard de son souverain, tandis que la valeur et la fidélité de celui-ci envers la France les garantissaient tous les deux de l'oppression. Le peuple de Bois-Belle offrait donc en ce temps-là l'exemple unique et merveilleux d'un gouvernement dont tous les rêveurs de liberté n'oseraient pas même aujourd'hui proposer l'application, tant il leur semblerait impossible d'accommoder cette absence de toute charge envers l'État avec les besoins des gouvernants, fussent-ils pourvus de la même simplicité de mœurs que Cincinnatus.

Qu'on ne dise pas qu'il y a exagération sur ce que je rapporte de Bois-Belle ; les lettres patentes octroyées à la principauté par différents rois de France, les termes dans lesquels elles sont dictées sont là pour répondre à cette objection, tandis que, d'une autre part, il est impossible de prouver que la terre de Bois-Belle ait été assujettie à un seul genre d'impôt. Cependant, remarquez qu'il n'est si mince fief en France qu'on ne puisse savoir d'où il vient et de qui il relevait autrefois, excepté celui-là ; on peut, à cet égard, compulser les vieux titres, les anciennes chartes du pays ; fouiller dans les archives de Bourges, de Nevers ou de Sancerre ; chercher dans les trésors des abbayes ; on n'y trouvera absolument rien qui puisse compromettre l'existence ou constater une origine aux franchises de Bois-Belle, et cependant, de tous ces seigneurs qui s'érigèrent en souverains, il n'en est pas un seul dont l'histoire ne nous ait montré l'usurpation. Quant à ceux qui, durant un espace de temps, n'ont point rendu foi et hommage à la couronne de France, ils ont été traités comme ayant *joui par abus*, et le terme de cet abus est venu pour eux.

CHAPITRE XII.

Marguerite de Bourbon avait donné, en 1539, un héritier au duc de Nevers. François II de Clèves naquit dans les derniers jours de mars. Vint-il au monde, comme sa sœur Henriette, la future souveraine de Bois-Belle, au château de la Chapelle-Dam-Gilon? C'est ce que l'histoire ne dit pas. Cette princesse était née en 1542; Jacques, le troisième enfant du duc, celui qui fut connu sous le nom de marquis d'Illes, avait vu le jour en 1544; enfin, Catherine et Marie durent suivre de près la naissance de leur frère.

C'est probablement à l'occasion de ces différents baptêmes que le duc François érigea, par lettres patentes et souveraines datées du 20 février 1549, la chapelle Sainte-Élisabeth de Bois-Belle en église paroissiale ; cependant, le contrat de cette érection, passé par les sieurs Cagnard et Beaura (1), notaires au Châtelet, n'a été définitivement signé par le duc Louis de Gonzague, Henriette de Clèves, son épouse, et Louis Contesse, abbé de Saint-Sulpice de Bourges, supérieur spirituel du prieuré d'Achères, qu'en 1576 ; jusqu'à cette époque, la chapelle Sainte-Élisabeth n'avait été que la succursale de l'église du prieuré d'Achères, qui était la paroisse de la ville de Bois-Belle.

Le duc François, qui avait assisté au siége de Calais, dut quitter l'armure après celui de Rouen où il fut grièvement blessé ; il traîna dès lors une vie languissante et mourut en 1562. Son fils, François II, lui succéda dans le duché de Nevers, le comté de Rethel, les seigneuries d'Orval, Châteaumeillant, Bruères, et enfin dans la souverai-

(1) Ce renseignement est tiré d'un journal manuscrit de la fabrique d'Henrichemont, écrit par François Amériault et daté de l'année 1662.

neté de Bois-Belle. Ce prince, doué d'une grande bravoure, se laissa entraîner dans le parti de la Réforme ; mais il ne fit qu'y passer et se rallia bientôt au drapeau catholique ; il mourut sans postérité, le jour de la bataille de Dreux, des suites de la blessure d'un coup de pistolet tiré par maladresse ; d'autres disent par vengeance, mais toujours de la main d'un nommé Desbordes, qu'il croyait être son ami. Jacques, marquis d'Illes, ne lui survécut que d'une année, en sorte que la succession des deux frères dut être partagée entre leurs sœurs, les princesses Henriette, Catherine et Marie de Clèves, douées toutes les trois d'une merveilleuse beauté. Les trois Grâces de Nevers, ainsi qu'on nommait ces jeunes filles à la cour du roi Charles IX, possédaient tous les charmes de l'esprit, de la figure et du cœur. Henriette, qui était l'aînée, ayant été appelée, selon la volonté de son père, à recueillir la plus belle part dans l'héritage paternel, eut en partage le duché de Nevers, le comté de Rethel, de Donzi, du Rosoy, de Châteaumeillant, d'Orval, de la Chapelle-Dam-Gilon, et aussi la souveraineté de Bois-Belle.

Les belles princesses de Nevers ne manquaient pas de poursuivants : c'était à qui, des grands seigneurs de ce temps-là, briguerait l'honneur de leur alliance. Henriette (1) se décida pour Ludovic de Gonzague, troisième fils du duc de Mantoue (2) et de Marguerite Paléologue. Ce jeune prince ayant été envoyé en France dès l'âge de dix ans, afin d'y recueillir la succession de sa grand'mère, la duchesse d'Alençon, prit par la suite du service dans l'armée ; il s'y comporta avec autant de loyauté que de bravoure, et cela dans des circonstances qui eussent pu avoir une toute autre influence sur un caractère moins bien trempé que ne l'était le sien ; ainsi, il préféra vendre ses terres de Flandre, après la bataille de Saint-Quentin,

(1) Catherine de Clèves épousa d'abord Antoine de Crouy, prince de Portian, et, en deuxièmes noces, Henri de Guise, duc de Lorraine. La troisième fille de François, Marie de Clèves, épousa Henri de Bourbon, prince de Condé. (Guy Coquille.)

(2) Les armes de Mantoue, octroyées par l'empereur Sigismond, en 1433, portent l'écu à quatre aigles de sable en champ d'argent à une croix pattée de gueules écartelant l'écu.

où il avait été fait prisonnier, que de recevoir l'argent nécessaire à sa rançon des mains de son oncle don Fernand de Gonzague, qui le pressait de quitter le service de France pour celui du roi d'Espagne. Charles IX reconnut ce bon office en le nommant capitaine de cents lances, gouverneur de Champagne et de Brie. Il avait épousé Henriette de Clèves, souveraine de Bois-Belle, dans le courant de l'année 1665; mais il ne fit sa joyeuse entrée dans la ville de Nevers avec la belle duchesse que dans le mois de mai 1566. Il existe encore des traditions écrites de ce qui se passa dans la capitale du duché de Nevers, à l'époque de la magnifique réception que les Nivernais firent en cette circonstance à leur seigneur : « La belle grâce du jour, dit la chronique, venant en aide à la beauté de l'assistance, on ne vit jamais une plus belle assemblée s'ébattre aussi gaiement sous un ciel plus serein. Il y eut vers le soir autant de belles illuminations que de copieux repas; on ne vit pendant le jour que jeux de bagues et d'osselets, gens travestis de toute sorte, et des tableaux allégoriques ayant trait à l'heureuse union de l'héritière de Clèves avec le duc de Mantoue. » Guy Coquille, qui narre ces faits dans son langage tout ensemble naïf et poétique, ajoute qu'on lui a dû l'idée des deux plus belles allégories qui ont été composées pour cette solenuelle occasion. La première réprésentait la rivière du Menzo qui s'unit à celle du Pô, sous les murs de Mantoue; l'autre toile montrait la Nièvre se jetant dans la Loire, tout proche de Nevers. Ces tableaux étaient accompagnés de vers latins dont le sens pouvait servir à compléter la pensée des érudits, tandis que le vif éclat des couleurs employées dans ces peintures réjouissait les regards du vulgaire et indiquait à tout le monde l'affinité qui existait entre les sujets reproduits sur ces toiles et la destinée des nobles héros de la fête.

....Il est rapporté dans l'*Album nivernais* que la municipalité de Nevers, voulant plus particulièrement fêter la duchesse, lui fit offrir, par un de ses membres, un plateau d'argent surmonté d'un groupe de même métal. Le groupe se composait d'un cygne et d'un lion qui semblaient s'entretenir l'un l'autre; un petit lion couché entre eux était, dit-on, destiné à y figurer l'humilité, cette vertu chrétienne dont l'exercice élève l'âme des grands et soutient celle des petits, en aidant les premiers à se maintenir sages dans la prospérité, pendant qu'elle enseigne aux autres le moyen d'être heureux sans le secours de la fortune ; néanmoins, en dépit de l'excellence de la morale qui a inspiré l'idée de placer l'humilité en tiers d'un groupe figurant le charme de la grâce s'unissant au lion, symbole de la puissance, je n'imagine pas comment il se fait qu'on ait choisi un lionceau, si petit soit-il, pour servir de type à un emblème qui est justement le contraire des attributs ordinaires du roi des forêts.

Ludovic de Gonzague et Henriette de Clèves étant unis par le devoir autant que par l'amour, menèrent en ce monde une édifiante et pieuse vie dont chaque acte se traduisit, pour ainsi dire, par des bienfaits. Ainsi, c'est à leur foi religieuse que le duché de Nevers a dû la fondation d'une rente perpétuelle destinée à venir en aide à douze vieilles femmes indigentes ; ils firent aussi le dépôt annuel d'une somme d'argent pour la dot de cinquante jeunes filles choisies parmi les plus sages de leurs nombreux domaines. La création de ces rosières n'ayant laissé aucun souvenir à Bois-Belle, j'éprouve le regret de n'avoir point à relater une cérémonie de ce genre; j'en attribue l'échec à la jalousie qu'inspiraient généralement les habitants de cette principauté à leurs riches voisins, moins favorisés qu'eux sous le rapport de la liberté.

La duchesse de Nevers accoucha d'une fille au bout de trois années d'union; son second enfant fut encore du sexe féminin; enfin, en 1580, elle donna le jour à un fils qui prit en naissant le titre de duc de Rethelois. Avant cette époque, en 1567, les protestants et les catholiques ayant repris les hostilités, les nombreuses propriétés que le duc de Nevers possédait en Berry eurent énormément à souffrir des chances de la guerre. Il ne me paraît pas que le duc de Nevers les défendit en personne, étant gouverneur du Piémont pour le roi Charles IX; cependant les habitants de Nevers ayant émis le vœu de le voir venir prendre part aux affaires du duché, il ne put se refuser à leur désir. Les huguenots étaient maîtres d'En-

train, en pays donzinois ; les troupes catholiques faisaient le siége de cette ville ; Louis
de Gonzague y fut blessé d'un coup d'arque-
buse au genou, ce qui le rendit boiteux
pendant le reste de ses jours. « Heureuse
marque, ajoute son historien, et qui devoit
le consoler de toute peine chaque fois qu'il
marchoit et se souvenoit qu'il n'étoit affligé
de cette plaie que pour avoir combattu pour
une cause sainte et toute à la gloire de Dieu
qu'il aimoit et servit fidèlement (1) ! » Bien
qu'il fût extrêmement pieux, le duc de
Nevers n'est jamais tombé dans cet excès
de zèle qui a porté quelques-uns de ses contemporains à commettre des actes cruels et
injustes envers leurs adversaires politiques
et religieux, actions qui déshonorent seulement les champions de la cause dont le divin
principe est tout l'opposé. Un exemple de
ce qui s'est passé à Bois-Belle à cette époque
donne, du reste, la juste mesure du caractère tout à la fois ferme et tolérent qui distingua Louis de Gonzague. Une ordonnance
de ce prince, datée du mois de novembre

(1) Guy Coquille.

1579, et promulguée dans toute l'étendue de la principauté, y punit sévèrement les blasphémateurs, tandis que les nombreuses lettres de grâce octroyées à cette époque à ceux qui s'étaient rendus coupables de cette faute témoignent de son indulgence dans l'exécution d'une loi qu'il croyait, d'une autre part, sage et utile.

C'est sans doute à cet esprit juste, équitable autant que doux, que Louis de Gonzague a dû d'être quelquefois mal jugé par ceux de ses successeurs ou contemporains dont les passions haineuses contrastaient trop fortement avec son caractère. Louis de Gonzague ne pouvait guère être compris à cette époque calamiteuse qui vit le pays ensanglanté par une guerre de partisans; néanmoins, il méritait de l'être par Sully, et il est aussi regrettable qu'étonnant que ce grand homme n'ait pas mieux apprécié à leur juste valeur les qualités éminentes du duc de Nevers.

CHAPITRE XIII.

Louis de Gonzague, qui avait suivi Henri III en Pologne, revint en France avec ce prince. Après l'assassinat de cet infortuné monarque, il suivit un instant le parti de la Ligue, mais son âme généreuse ne tarda pas à comprendre le bon droit du Béarnais, et, remettant pieusement à Dieu le soin de ramener la conscience égarée du roi, il suivit son drapeau parce qu'il crut que c'était celui de la justice. Son ralliement à la cause royale lui valut la rentrée en possession des terres de Saint-Amand-Montrond et d'Orval qui avaient été l'une et l'autre prises, en 1589, par les sieurs de Neuvy, de Blancfossés et le capitaine Sylva, commandant huguenot (1). La Chapelle-Dam-Gilon avait également subi la loi des religionnaires ; du reste, bien longtemps avant cette époque, presqu'au moment de la reprise des hostilités, cette dernière terre était tombée en leur pouvoir et y était restée jusqu'en l'année 1569, vers le temps où le complot des protestants, pour s'emparer de la Grosse-Tour de Bourges, échoua par la trahison d'Ursin Palus, l'un des conjurés.

Il n'est nullement question de Bois-Belle dans ce triste flux et reflux de la propriété, ou plutôt de l'occupation des villes et des châteaux tantôt par un parti, tantôt par un autre ; depuis l'année 1560 jusqu'à la date de 1589, les guerres de religion désolèrent le Berry. Durant cette période, presque toutes les abbayes furent pillées, les châteaux démantelés ou fortifiés selon la main dans laquelle ils tombaient. Le récit des brigandages qui se commirent alors fournirait la matière de plus d'un volume. A Saint-Satur, un pauvre moine fut enterré tout vif par les

(1) La Thaumassière.

protestants ; sa tête, laissée seule en dehors du sol, servit de but aux soldats qui prenaient le divertissement du jeu de boule (1)....

Le petit État de Bois-Belle vit passer toutes ces calamités sans être atteint par aucune d'elles. Quand la terreur, le pillage et l'effroi existaient partout autour de lui, il assemblait paisiblement ses trois ordres, c'est-à-dire sa municipalité, sa prévôté et sa chambre souveraine pour discuter les lois de l'État avant de les proposer à la sanction du seigneur souverain. Une sentence, en date du 24 mars 1567 et signée par Louis de Gonzague, donne aux habitants de Bois-Belle acte de leurs franchises ; au mois d'août de la même année, la chambre s'assemble de nouveau afin d'entendre la lecture d'un arrêt de M. le bailli de la principauté qui règle, en douze articles, la police de l'État ; plus tard, mais toujours à l'époque des guerres, les habitants de Bois-Belle font régulariser le contrat d'érection de leur église ; enfin, c'est au milieu des troubles, des agitations de toute sorte et de toute

______

(1) *Histoire du Berry*, par M. de Raynal.

nature que ces différents actes s'accomplissent; et tandis que, d'un côté, le pays offre le spectacle navrant de meurtres impunis, de crimes non châtiés, de victoires suivies de sanglantes représailles, de défaites accompagnées du désordre qui se mêle toujours aux malheurs des vaincus, le petit pays de Bois-Belle attire le cœur par la paix, la régularité, l'ordre et la liberté qui règnent au sein de son gouvernement. Le domaine même du seigneur se sauvegarde de toute spoliation et cela en dépit du voisinage des huguenots qui occupent le château de la Chapelle-Dam-Gilon.

Mais, me demanderez-vous, par quels moyens les habitants de Bois-Belle ont-ils obtenu ce merveilleux résultat? Ont-ils pris les armes et défendu le sabre au poing, les frontières de la principauté? Ont-ils pactisé avec leurs ennemis, ou bien les ont-ils combattus? A cela je répondrai qu'ils n'ont fait ou accompli aucune de ces choses; d'abord, une lutte quelconque leur était interdite, car elle était impossible. Dans ce pays sans forteresse, il eût été aussi difficile de s'y défendre que de s'y maintenir après s'en être emparé. Bois-

Belle, pays libre, sans tours ni tourelles, ne pouvait offrir un asile aux vainqueurs ni un refuge aux vaincus ; on pouvait y passer, mais s'y fixer, jamais. Les huguenots ne le tentèrent même pas, et la propriété collective s'y conserva en paix, grâce au peu de mesures qu'on prit pour la garder.

CHAPITRE XIV.

Henri IV, qui estimait particulièrement Louis de Gonzague, lui confia le commandement des troupes qu'il envoyait en Flandre contre les Espagnols; le duc de Rethelois son fils, le suivit dans cette campagne et combattit sous ses ordres avec une intrépidité et un sang froid au-dessus de son âge (il n'avait que quinze ans). Malgré tout, et en dépit de la bravoure de deux Nevers, le duc ne recueillit que peine et amertume d'une conduite qui aurait dû, tout au contraire, lui mériter des récompenses....

Les Espagnols ayant investi Cambrai et le duc de Nevers étant arrivé trop tard pour la prise de cette place, il jugea, avec la prudence qui caractérisait sa valeur, qu'il y aurait péril et peut-être impuissance à essayer de la reprendre de suite; ce n'était pas l'avis du roi auquel il en faisait l'observation; celui-ci ne trouva qu'un mot piquant pour accueillir le judicieux conseil de son dévoué serviteur.... Le duc de Nevers, blessé au cœur par cette cruelle injustice, se retira en son château de Nesle et y mourut quinze jours après l'épigramme de Henri IV : le trait royal avait été mortel à cette âme droite et généreuse !... Charles de Rethelois fut reconnu duc de Nevers en 1595, mais il ne jouit des grands biens de son père qu'après la mort de sa mère, qui resta par conséquent souveraine de Bois-Belle.

Louis de Gonzague fut pleuré unanimement. C'était un homme lettré pour son époque, plein de bravoure et d'honneur, possédant une générosité qui allait jusqu'à la munificence. Il est à croire que le roi fut quelque peu marri de la fin presque tragique de cet homme de bien, qui avait loyalement embrassé sa cause, malgré la dissidence qui existait primitivement dans leurs opinions religieuses; il dut regretter souvent les funestes paroles qui avaient peut-être hâté la mort du duc de Nevers; néanmoins, il faut bien convenir que la faute commise par le roi dans cette circonstance ne doit pas lui être entièrement imputée, ce prince ayant subi, presque malgré lui, l'influence de la malveillance qui avait accueilli Louis de Gonzague lorsqu'il était venu grossir le nombre des partisans royaux; car beaucoup de ceux qui entouraient Henri IV avant lui se croyaient plus de droit à ses bonnes grâces que le nouveau-venu, et en général les huguenots ne virent pas sans envie et sans rancune l'ancien vainqueur d'Issoire et de la Charité, l'homme qui avait empêché les Allemands de venir à leur secours en leur interceptant le passage de la Loire, prendre, près du prince, un rang supérieur à celui qu'ils occupaient près de lui. Louis de Gonzague avait à la cour des ennemis de sa foi, de sa naissance et de sa fortune. Le pouvoir royal mis hors de page par Louis XI, ainsi que l'a dit assez spirituellement un de ses successeurs, tendait plus que jamais à s'émanciper tout à fait; il n'attendait par cela faire que le ministère de

Richelieu. Catholiques ou protestants, les seigneurs de cette époque voyaient poindre avec effroi cette ère nouvelle qui allait bientôt annihiler leur puissance; de là, cette inquiétude générale qui se manifesta alors dans toutes leurs actions; de là, cette appréhension, ces jalousies, ces avidités de puissance qui semblent dominer les âmes les plus généreuses de cette époque. Le but flottant de l'intérêt personnel fut donc trop souvent, chez les seigneurs, le motif principal qui les détermina à entrer dans tel ou tel des partis qui divisaient alors malheureusement la France. Donc, la véritable piété, la sincérité, le désintéressement de Louis de Gonzague étant en quelque sorte la satyre vivante d'un bon nombre de ses contemporains, ceux-ci ne lui pardonnèrent pas plus ses vertus qu'ils ne lui pardonnaient ses avantages sociaux; toutefois, les haines qu'il avait soulevées contre lui pendant sa vie s'éteignirent après sa mort, et Henriette de Clèves, sa veuve, fut toujours parfaitement accueillie par le roi qui eut à lui rendre justice dès les premiers temps de son veuvage.

C'était à l'époque de la promulgation de

l'édit de Nantes et après la signature du traité de Vervins ; la paix laissait respirer la France, et le Berry se remettait peu à peu des plaies de la guerre, lorsque les trésoriers du royaume profitèrent de la tranquillité publique pour remettre en vigueur un édit du roi Henri III, qui portait révocation de tous les priviléges accordés aux communes par ses prédécesseurs. Cet édit, qui avait déjà été notifié aux habitants de Bois Belle du vivant de Louis de Gonzague, mais qui était demeuré sans exécution, jeta l'épouvante dans toute la principauté. Le bailli n'ignorant point la catastrophe qui avait précédé la mort du duc de Nevers, craignait, non sans raison, que le crédit de la souveraine de Bois-Belle ne fût point suffisant pour écarter la tempête qui menaçait les libertés du pays, d'autant plus que les officiers royaux avaient déjà non-seulement menacé de l'exécution de l'arrêt, mais qu'ils l'avaient exécuté en soumettant plusieurs individus de la principauté à la taille. Henriette de Clèves, presque aussi émue que ses sujets en apprenant les entreprises des agents français, se plaignit amèrement au roi de cette injustice ou plutôt de cette liberté prise au mépris de droits ostensiblement reconnus.... Sa plainte ne demeura point sans effet : contrairement à ce qu'avait craint le bailli de Bois-Belle, Henri IV ne mit aucun retard à l'envoi des lettres patentes qu'il octroya de nouveau en faveur des franchises de la principauté. Ces lettres, datées du 26 avril 1598, furent (1) enregistrées à Bois-Belle le 19 décembre de la même année. En conséquence de ces lettres, les trésoriers de France donnèrent mandement au receveur des aides et tailles de Bourges pour décharger les habitants de Bois-Belle de la somme à laquelle on avait entrepris de les cotiser.

(1) Voici un abrégé de ces lettres : « Elles déclarent que la terre et seigneurie de Bois-Belle est de toute ancienneté décorée de droits spéciaux et singuliers, priviléges dont la prescription s'est toujours affranchie des injures du temps et de la malice des hommes ;... que de tout temps et hors la mémoire d'icelui, elle portoit les marques et titres de souveraineté, duquel droit Henriette de Clèves et ses devanciers en ladite terre ont toujours bien et dûment joui... sans aucun contredit ; que les sujets et habitants de ladite terre n'ont jamais été appelés ni répondu ailleurs qu'en la justice dudit lieu, lesquels ne lui étant obligés que du seul devoir

Ceci se passait en l'année 1598. Quatre ans plus tard, celle qui avait été la belle, et qui était restée la bonne, la pieuse, la ver—

lige (1) et naturel d'une fidèle obéissance, seroient toujours demeurés francs et exempts de toute taille et autres droits, quelques événements et nécessités que le temps eût produit, etc. »

Et, prononçant ensuite sur l'entreprise par laquelle on avait cotisé les habitants de Bois-Belle, il déclare « vouloir et lui plaise que ladite terre soit et demeure comme elle fut de tout temps avec ses droits et priviléges, et qu'iceux droits soient maintenus et conservés à ladite dame et ses sujets. » (Tiré des pièces du procès de Sully déposées au Conseil d'État.)

(1) Sous la féodalité, on distinguait deux sortes de vassaux : le vassal simple et l'homme lige ou le vassal lige. Le vassal lige était obligé au service personnel quand son seigneur en avait besoin; le vassal simple n'était tenu qu'en raison de son fief et pouvait se faire remplacer. Le vassal lige rendait la foi et hommage sans épée, sans éperons, à genoux, les mains jointes dans celles du seigneur. Le vassal simple, au contraire, se tenait debout; il avait les mains libres. L'homme lige prêtait un serment indéfini. Plusieurs des grandes querelles qui se sont élevées entre les rois anglais et français n'ont pas eu d'autre source que la distinction entre le vassal simple et le vassal lige. Les souverains de Bois-Belle étaient les hommes liges du roi de France, mais non pas pour la souveraineté de Bois-Belle qui ne relevait de personne et dont les habitants ne devaient qu'un devoir d'obéissance au seigneur et aucun service militaire.

Les vassaux du roi, en Berry, se rendaient à la Grosse-Tour de Bourges pour la cérémonie de foi et hommage; arrivés devant la porte, ils devaient soulever le heurtoir de la tour et demander le roi. Alors, on les introduisait et le commandant de la tour recevait, au nom de Sa Majesté, l'hommage du vassal.

tueuse duchesse de Nevers, quitta ce monde pour aller rejoindre au Ciel, sans doute, Ludovic de Gonzague, son époux.... Leur fils, le duc de Rethelois, ne fut qu'un an souverain de Bois-Belle. Cette terre, qui, jusqu'à cette époque, avait passé de succession en succession dans diverses familles, sans pour cela sortir des mains des descendants de ceux qui l'avaient possédée de temps immémorial, fut vendue le 31 août 1605 à Maximilien de Béthune, marquis de Rosny. Le contrat de cession que Charles de Gonzague fit de cette souveraineté au marquis de Rosny fut passé à l'hôtel de Nevers, situé sur le quai des Augustins, et reçu par Pierre Gaillard et Matthieu Bontemps, notaires au Châtelet. Le prix en fut fixé à quarante-deux mille livres, médiocre chiffre qui prouve une fois de plus la possession des énormes franchises dont les habitants de ce pays étaient gratifiés; car si le souverain de Bois-Belle avait eu, comme celui du royaume de France, le droit de prélever des impôts sur son peuple, la valeur de la terre s'en serait accrue d'autant, et l'article qui en eût réglé la valeur n'aurait pas été oublié dans la rédaction du contrat de vente; au lieu de cela, on peut se convaincre aisément que le prix du domaine privé a seul été compris dans le marché et principalement fixé sur la valeur des magnifiques futaies qui en faisaient partie.

CHAPITRE XV.

Au moment de mettre en scène, dans cette simple et modeste histoire de Bois-Belle, le grand nom de Sully, une sorte de frayeur s'empare malgré moi de mon imagination. En effet, n'est-ce point une action un peu présomptueuse de ma part d'oser émettre mon jugement particulier sur le mérite d'un homme que la postérité a jugé digne de figurer, presque sans ombre, à côté de la glorieuse et populaire figure de notre roi Henri IV?... Que le lecteur pardonne donc ma témérité en constatant la sobriété de mes observations sur le caractère de Sully, et en remarquant surtout que j'ai puisé principalement les traits qui m'ont servi à esquisser son profil dans les propres œuvres de l'illustre ministre.

Maximilien de Béthune, premier duc de Sully, prince souverain de Bois-Belle et Henrichemont, grand-maître de l'artillerie de France, marquis de Rosny et d'une infinité d'autres lieux, naquit, le 13 décembre 1561, de Charlotte Dawet et de François de Béthune dont les ancêtres, anciens advoués d'Arras (1), descendaient d'une des familles les plus anciennes de France. La lignée mas-

(1) Pour bien comprendre l'ancienne grandeur de cette dignité, il convient de savoir que les *advovez*, et, par contraction, *vovez*, qui, chez les Romains, se disaient *aduoyers*, chez les Allemands, *vogt*, et, par les plus vieilles chartes, *advaocati*, signifiaient proprement ceux qui avaient la protection, garde ou défense des églises et des monastères, laquelle charge, nommée de là *advaocati*, en français *advourie*, fut introduite après le consulat de Stilicon pour maintenir les droits et biens temporels des ecclésiastiques et des serviteurs de Dieu contre les entreprises et oppressions; d'où vient que ceux qui en furent pourvus n'étaient que des personnes de haut rang, telles que les ducs et barons. Charlemagne fut élu advoué de l'église Saint-Pierre de Rome, puis patrice des Romains et, à la fin, empereur. Louis, roi des Germains, fut advoué de Saint-Gall. Les de Béthune se

culine de François de Béthune (1) fut nombreuse, car il compta jusqu'à sept garçons autour de lui ; son fils aîné étant infirme et le jeune Maximilien ayant annoncé dans son enfance les plus heureuses disposistions, son père ne le traita jamais comme un cadet de sa maison, mais plutôt comme celui qui était destiné à en devenir le chef, particularité de la vie de Sully qui lui est commune avec celle de notre grand empereur Napoléon Ier, chez lequel le cardinal Fesch, son oncle, avait reconnu la même prédestination dès son bas âge. Sully n'avait que douze ans lorsque son père le mena à Vendôme et le présenta à la reine Jeanne de Navarre, qui se rendait avec son fils à Paris, dans le dessein de conclure l'alliance destinée, disait-on, à cimenter la paix conclue depuis peu entre les catholiques et les protestants. La main de la sœur de Charles IX, mise dans celle de Henri de Bourbon, roi de

disaient advoués d'Arras, c'est-à-dire protecteurs de l'abbaye de Saint-Waast, fondée par Théodoric Ier, devant le vieux château d'Arras. (André Duchesne, vol. II.)

(1) Les anciennes armes de Béthune étaient à bandes d'or sur champ d'azur.

Navarre, devait servir de trait d'union à ce rapprochement qui n'eut que la durée d'un éclair. François de Béthune, zélé huguenot, n'ayant aucune foi dans la durée de cette paix, ne voulut point suivre, pour cette raison, le roi et la reine de Navarre à Paris, et retourna à Rosny, laissant Maximilien sous leur protection et à la garde d'un nommé La Brosse, homme fort distingué, précepteur du jeune homme.

« Le roi de Navarre, dit Sully dans ses mémoires, étoit âgé de dix-neuf ans à l'époque où je lui fus présenté ; il étoit déjà ce qu'il fut plus tard : d'un libre accès, d'une humeur aussi franche que joviale ; il me reçut avec cet air engageant qui sembloit faire partie de sa nature et me promit sa protection, promesse que je regardai alors comme un pur effet de sa bonté, mais que j'ai vu s'accomplir depuis au delà de mes espérances (1). »

En arrivant à Paris, M. de Rosny, ainsi qu'on le nommait alors, alla se loger, avec son précepteur et un valet de chambre nommé Julien, dans le quartier des écoles ;

______

(1) *Mémoires de Sully.*

car il ne faut pas oublier que Maximilien de Béthune n'était encore qu'un enfant auquel, il est vrai, on avait prédit une grande fortune. Peu s'en fallut cependant que les massacres de la Saint-Barthélemi ne fissent mentir son horoscope. Les devins, qui probablement tenaient à sa vie comme à une preuve de leur science, lui facilitèrent peut-être les moyens de gagner une retraite pendant l'arquebusade de Charles IX. Les salles du collége de Bourgogne, où il faisait ses études, lui servirent de refuge pendant la terreur; mais il n'était parvenu à se les faire ouvrir qu'avec beaucoup de difficultés.

Un an après cette panique, quand Charles IX eut disparu de ce monde, Henri de Bourbon, qui étouffait à la cour de France, parvint à échapper à la surveillance de la reine Catherine qui l'y retenait tantôt sous un prétexte, tantôt sous un autre, et s'enfuit à Senlis pour y rejoindre le prince de Condé. Il emmena avec lui Maximilien de Béthune qui, malgré son extrême jeunesse, entra dans l'infanterie de l'armée protestante et s'y conduisit non pas comme un enfant, mais avec la bravoure d'un soldat expérimenté; puis, au bout de trois mois de campagne, la paix dite de Monsieur ayant été signée, le jeune de Rosny suivit Henri de Bourbon en Navarre et y devint, en 1580, conseiller et chambellan ordinaire du roi; il n'était âgé que de dix-neuf ans et donnait déjà, dès cette époque, raison aux magiciens. A propos de magiciens, Sully raconte que, dans une conversation familière qu'il eut un jour avec le roi sur ce sujet, et auquel il contait ce trait de sa jeunesse, ce prince lui fit part d'une anecdote à peu près semblable qui lui était arrivée; seulement, les devins avaient spécifié la nature de la haute fortune qui attendait le prince de Béarn; car ils lui avaient prédit qu'il deviendrait roi de France. « Mais, avait ajouté le monarque après la narration de ce fait, j'ai eu trop longtemps le foible d'ajouter foi à ces prétendues prophéties, la religion devant ne nous inspirer que du mépris pour tous ces méchants pronostiqueurs. »

« Il est bien vrai, dit Sully, qui cite ces paroles du roi, il est bien vrai que ce grand prince devoit avoir pris plus de foi en lui-même qu'en tous les nécromanciens du monde, car son jugement ne le trompoit guère sur la nature des défauts et des qualités qui distinguoient le caractère des personnes appelées à vivre près de lui, ce qui le rendoit juste et indulgent pour tout le monde. »

Le bon jugement de Henri IV ne laissa pas cependant de froisser quelquefois les susceptibilités de Sully qui ne pardonnait guère à son maître de s'entourer de catholiques. La confiance qu'il témoignait surtout à Louis de Gonzague, alors seigneur souverain de Bois-Belle, le froissa particulièrement ; aussi n'échappa-t-il aucune occasion de lancer contre ce dernier des sarcasmes injustes et malséants, surtout de la part d'un homme supérieur comme l'était le duc de Sully. Malheureusement, ce grand génie ne sut pas en cette circonstance se défendre des petitesses qui ne sont communément l'apanage que des âmes étroites et des esprits vulgaires.

CHAPITRE XVI.

En l'année 1583, Sully, qui n'était encore que baron de Rosny, se décida, sur l'avis de son valet de chambre, à demander en mariage Mlle Anne de Courtenay, et cela en dépit de son cœur qui lui indiquait de préférence Mlle de Mesmin. Ayant été agréé par Mlle Anne (1), jeune fille aussi illustre de naissance que belle et vertueuse, il partit aussitôt après la célébration nuptiale pour Rosny, afin d'y passer

(1) Guy de Béthune, fils d'Alpin de Béthune, bisaïeul de Sully, avait également épousé une demoiselle de Courtenay-Boutin. Les de Courtenay portent d'or à trois tourteaux de gueules. Les armes de Béthune sont d'argent à la fasce de gueules, avec le col et la tête d'un paon d'azur semé de fleurs de lis d'or, au vol d'argent et de gueules, feuillage et lambrequins de même, pour supports deux sauvages armés d'une massue. (André Duchesne.)

la lune de miel qu'il fit durer un an entier.

Une lettre du roi de Navarre le tira de cette oisiveté. Ce prince lui mandait que le temps était proche où chaque chef de parti devait s'attendre à faire le dénombrement de ses amis par un appel général à leur dévouement. La guerre se déclara effectivement tout aussitôt, et, quelques mois plus tard, les protestants et les catholiques étaient aux prises. Il va sans dire que M. de Rosny suivait la fortune du drapeau de Navarre. Sa femme, pendant ce temps, était à Rosny ; elle y tomba malade, et, pour surcroît de malheur, M. de Béthune, encore meilleur catholique que son frère, M. de Rosny, était zélé huguenot, s'était établi dans le château où gémissait sa belle-sœur ; en sorte que M. de Rosny ayant été appelé en toute hâte près de sa femme, se vit, pour ainsi dire, contraint de faire le siége de sa propre maison pour arriver jusqu'à elle. Cet événement se passait dans les premiers jours de janvier de l'année 1589, et, avant la fin de ce mois, Mme de Rosny était morte, ne laissant à son mari qu'un enfant, un fils qui, destiné par le droit de naissance à devenir le deuxième duc de Sully, n'en porta cependant jamais le titre, car il mourut avant son père. La guerre qui régnait alors avec toutes les horreurs qu'elle entraîne à sa suite ; les difficultés qui entouraient les hommes lancés dans la politique de l'époque ; l'incertitude où l'on était généralement de l'avenir, jointe aux angoisses du présent, tout cela faisant somme avec le besoin incessant que le roi de Navarre avait des services de M. de Rosny, le temps manqua à celui-ci pour se préoccuper d'ailleurs de ses peines particulières. La mort de Mme de Rosny, tout en brisant son cœur, n'amenait aucun vide dans son existence déjà si remplie ; et quelle qu'ait été, du reste, la nature des regrets que M. de Rosny éprouva à la mort de sa femme, nous l'en voyons, dès l'année suivante, complétement consolé près de Mme de Châteaupers qu'il avait rencontrée pendant un de ses séjours à Mantes. Il oublia près de cette dame qu'il portait le deuil d'une épouse jeune et belle et s'y attacha avec tout l'entraînement qu'inspire seule une véritable passion. Mme de Châteaupers, dont le nom de fille était Rachel de Coche-filet, était elle-même nouvellement déliée des chaînes d'un premier hymen. D'un commun accord, ils décidèrent donc qu'ils convoleraient l'un et l'autre en secondes noces; mais leur mariage ne s'accomplit que l'année suivante. Deux ans plus tard, Henri IV abjurait les erreurs protestantes pour revenir à la foi catholique. C'est en cette solennelle circonstance de l'abjuration du roi Henri IV, conseillée si vivement par M. de Rosny, que le caractère de ce grand homme se montre plus particulièrement généreux et juste ; sa conduite prouvant, d'une part, tout l'empire qu'une nature droite peut avoir sur elle-même, et, de l'autre, le genre d'affection que Sully portait au roi. Certes, M. de Rosny n'aimait pas les catholiques, du moins il détestait plus ou moins les seigneurs de ce parti qui entouraient le prince de Navarre, même avant sa conversion. Il ne se dissimule pas davantage le coup mortel que cette conversion va porter au parti protestant auquel lui-même reste fidèle; il prévoit toutes les conséquences qui devront résulter de l'abjuration du roi et du retour de la famille royale à la foi catholique, et pourtant il conseille ce retour avec la tactique d'un logicien, la prudence d'un sage et la prévoyance d'un ami. Ah! c'est que M. de Rosny était avant tout l'ami du roi! C'est que l'intérêt de ce monarque, sa gloire, sa puissance, son bonheur passaient dans le cœur de M. de Rosny avant sa gloire personnelle et son propre bonheur; que, d'autre part, ce véritable grand homme regardait la paix du royaume, la cause publique, comme étant sa propre cause; c'est qu'il fit toujours céder ses sentiments particuliers aux intérêts généraux de la nation, chose bien rare et presque sans exemple parmi les gens qui, comme lui, ont été appelés à gouverner un État. L'abjuration du roi Henri IV fut reçue par Renaud de La Beaume, archevêque de Bourges. Le Berry tout entier revendique une partie de l'honneur dévolu à ce prélat en cette occasion, c'est pourquoi la mention de ce fait est tombée sous ma plume, ne voulant rien négliger des preuves qui donnent à ce pays des droits à l'attention publique, droits que la modestie de ses habitants a si peu fait valoir qu'on ne les reconnaît presque jamais.

CHAPITRE XVII.

Ainsi que je l'ai dit précédemment, M. de Rosny acquit, en Berry, pendant le courant de l'année 1605, les terres de la Chapelle-Dam-Gilon, de Montrond, d'Orval, du Châtelet, de Culan, de Sully sur Loire (1), en même temps que la souveraineté de Bois-

(1) Sully acheta Sully sur Loire du duc de La Trémouille, descendant de Marie de Seuly.

Cette terre lui coûta cent cinquante mille livres; il paya celle de Montrond cent mille; la Chapelle, cinquante-six mille; le Châtelet et Culan, qui appartenaient au duc de Montpensier, quatre-vingt-huit mille. (*Mémoires de Sully*, p. 190, vol. VII.)

Belle, et, bien que les franchises de cet État eussent été reconnues par le roi Henri IV, ce prince crut devoir accorder de nouvelles lettres patentes pour les confirmer. Ces lettres, octroyées à M. Maximilien de Béthune, baron de Rosny, portent la date du 11 juillet 1606; le procès-verbal en fut dressé par M. Foucault, conseiller à la cour des aides, le 27 octobre suivant. Trois choses très-importantes sont constatées par ce procès-verbal : la première, c'est le circuit et l'étendue de la souveraineté; la seconde, c'est le dégrèvement des habitants pour les sommes auxquelles ils avaient été soumis lors de la première entreprise des agents du fisc, en 1598; enfin, c'est la déclaration nette et précise du droit de souveraine justice reconnu comme un pouvoir absolu réservé au propriétaire de la principauté de Bois-Belle, acte fort remarquable et qui constate d'une manière certaine le véritable rang qu'en dépit de son exiguïté occupait cet État. Cependant, comme l'une des franchises de la principauté donnait à ses habitants le pouvoir d'acheter du sel partout où bon leur semblait, les fermiers généraux de la gabelle du roi représentèrent à M. de Rosny que ce privilége étant la source de beaucoup d'abus, il était tout à fait urgent d'y mettre un terme. Les remontrances des fermiers généraux ne restèrent point sans effet. M. de Rosny, en cette circonstance, considéra moins les intérêts de l'État libre que celui du pays dont il était le ministre; d'une autre part, l'esprit de justice qui dominait toutes ses actions lui fit chercher un biais qui parvînt à concilier en apparence les intérêts de tout le monde; je dis en apparence, car il est certain que Sully, en conseillant aux habitants de Bois-Belle de se soumettre à la gabelle de France, leur fit renoncer à un privilége qui, s'il leur assura une tranquillité temporaire, n'en fut pas moins une première atteinte portée à l'antique franchise du peuple.... Sur l'avis de leur souverain, les magistrats de Bois-Belle passèrent, le 1er février 1608, avec l'adjudicataire des gabelles du Berry, un contrat par lequel celui-ci s'obligeait à fournir aux habitants de la principauté leur provision de sel, à raison de cinq livres le minot (prix des salines). Le 23 septembre de la même année, Henri IV accorda en outre des lettres patentes qui « déclarèrent le peuple de Bois-Belle franc et libre à perpétuité, ordonnant aux officiers du grenier à sel de Sancerre de fournir le sel au prix de marchand; » enfin, pour éviter désormais toute tracasserie, le roi passa un traité avec le duc de Sully (1), dans lequel il est dit qu'afin de dédommager les habitants de la principauté de Bois-Belle de la liberté qu'ils avaient auparavant d'aller prendre le sel dans les salines sans payer aucun droit (liberté à laquelle ils avaient renoncé volontairement en s'obligeant à

(1) L'impôt de la gabelle, établi par Sully dans la souveraineté de Bois-Belle, est détaillé dans la copie d'un titre inséré dans les Pièces justificatives. L'original de ce titre est entre les mains de M. A. Panariou, sous-inspecteur des eaux et forêts de l'État, et dont le trisaïeul, fermier du domaine royal en 1730, était en même temps procureur du roi du grenier à sel de la souveraineté de Bois-Belle et Henrichemont. Son fils, nommé comme lui Pierre Panariou, fut investi des mêmes charges. Le fils de ce dernier a exercé pendant quarante-et-un ans les fonctions de juge de paix à Henrichemont; nommé député par le département du Cher, au Champ de mai, il eut l'honneur d'être interpellé par S. M. l'empereur Napoléon Ier. Le titre que je cite a été trouvé dans les papiers de sa succession par son petit-fils de qui je le tiens.

prendre le sel pour le prix dont on conviendrait, en passant bail dans les greniers royaux, le roi accordait à chaque habitant de la principauté, de condition taillable, le droit de posséder ou de faire valoir, en dehors de la souveraineté, trente arpents de terre qui deviendraient alors, comme les terres de cet État, exemptes de tout impôt. Certes, voilà une clause bien large, bien extraordinaire, bien avantageuse, et qui ressemble tout d'abord à une conquête, puisqu'elle tend à reculer les limites de la principauté. Cependant, remarquez bien avec moi, cher lecteur, que de la date de cette prétendue victoire commence justement la décadence de Bois-Belle, quoiqu'elle semble en signaler les progrès; l'avantage qu'elle paraît présenter n'est qu'une illusion. Si la principauté agrandit sa circonférence, elle amoindrit ses prérogatives; fait très-grave, car, en faisant l'abandon d'un de ces priviléges, elle perd l'inviolabilité du principe qui jusque-là les avait sauvegardés.

CHAPITRE XVIII.

Pour peu qu'on soit initié à ce qui se passait en France à cette époque, on sait que le nom de M. de Rosny, déjà grand-maître de l'artillerie de France, surintendant des finances, était, après celui de S. M. Henri IV, le nom le plus populaire qu'il y eût en France, quoiqu'il ne fût pas encore précédé du titre de duc sous lequel il s'effaça plus tard. Le roi, qui traitait M. de Rosny avec la plus grande familiarité, voulut nommer au baptême son quatrième enfant : ce fut un fils qui mourut jeune et qui porta, absolument comme le fils du roi, le nom de Vendôme. Le mariage de sa sœur, Marguerite de Béthune, fille aînée de M. de Rosny, avec le duc de Rohan, proche parent des Bourbons, mit du reste le comble à la faveur dont jouissait toute cette famille à la cour. Ce fut le 7 février 1607 que le contrat de ce mariage princier se signa à l'hôtel de Mercœur. Le même mois de cette même année, le prince Camille Borghèse, qui venait d'être élu pape sous le nom de Paul V, n'estima pas au-dessous de sa dignité (1) d'écrire à un homme qui alliait aux insignes du pouvoir le caractère et les capacités qui l'auraient rendu illustre dans une plus humble condition ; le bref affectueux du saint-père ne précéda que d'une année le titre de duc et celui de pair de France qu'Henri IV lui conféra le 12 février 1606. La terre de Sully fut érigée à cette occasion en duché-pairie, et M. de Rosny ne s'appela plus dès lors que le duc de Sully. « Il n'y eut aucun seigneur, dit-il dans ses mémoires, ni presque aucun des grands du royaume qui ne me fît l'honneur de m'accompagner le jour de ma réception. »

Sully, pour fêter cette circonstance, donna

____

(1) André Duchesne.

un grand festin à l'Arsenal, auquel Henri IV vint se joindre sans façon et sans y être attendu : « Je viens au festin sans y être prié, dit-il à son hôte en s'introduisant; ferai-je pour cela un mauvais repas? — Peut-être bien, sire, lui répondit Sully, car je ne m'attendois ni à l'honneur ni à la joie que me cause votre présence. — Et moi, répliqua le monarque, je sais à quoi m'en tenir sur la qualité des mets, ayant visité (1) les cuisines en vous attendant. J'y ai vu du poisson superbe et force ragoûts à la mode; de plus, j'ai goûté à vos petites huîtres de chasse et à votre vin d'Arbois que je trouve excellent. » Sully, qui raconte ce fait non pas dans des termes inspirés par la vanité, mais avec toute l'effusion d'un cœur rempli de gratitude, ajoute qu'on ne vit jamais plus gai repas que celui qui se fit ce jour-là chez lui; du reste, ses mémoires sont remplis de détails charmants sur la vie privée et publique du grand roi. On sent, en lisant ces pages, que l'homme politique y tient moins la plume que l'ami, et il est aussi aisé

(1) *Mémoires de Sully.*

de s'apercevoir que Sully, tout en cherchant
à être impartial pour le monarque, modifie
autant qu'il le peut les passages de l'histoire
qui ne sont pas tout entiers à la gloire du
souverain : ce qui, en somme, ne nuit ni au
récit ni à l'exactitude du portrait auquel il
n'ajoute qu'un coloris plus agréable.

A Henrichemont, la tradition populaire
veut absolument que Henri IV soit venu, à
plusieurs reprises, visiter les nombreux
domaines que le duc de Sully possédait dans
cette partie du Berry. Je n'ai trouvé, dans
les mémoires du grand ministre, qu'un fort
léger indice de ce fait ; encore n'indique-t-il
pas un voyage, mais plutôt la preuve que
Henri IV connaissait ces domaines et s'y in-
téressait. C'est à propos du château de la Chapelle-Dam-Gilon que j'ai trouvé cet indice,
à l'époque où Sully construisait cette magnifique terrasse qui existe encore aujourd'hui,
et y faisait planter ce beau parc qui n'avait
pas moins de deux-cent-trente arpents de
terre, le tout entouré de murailles en pierres
taillées que la négligence des héritiers du
grand homme a laissé tomber en ruine.

Henri IV connaissait et les constructions

et les plantations de Sully, ainsi que le montrent les différentes lettres que ce prince lui écrivait dans un de ses séjours à Fontainebleau : « Le roi, dit Sully, m'écrivoit souvent de cette résidence, soit pour me conter quelque prouesse de chasse, soit pour les différentes affaires du royaume. « Je viens de « prendre un cerf avec grand chaud et grand « plaisir, » me mandoit-il un jour. Rien ne coûte de ce qui plaît. Puis, il m'invitoit à l'aller trouver avec le président Jeannin et son conseil pour le lundi de la Pentecôte. Cela étoit gênant, ajoute Sully ; mais, continue-t-il, ce bon prince n'oublioit jamais de payer le moindre surcroît de peines par de nouvelles libéralités : « Je n'entends point, « m'écrivoit-il, que ceux qui me servent bien « me demandent. Vous m'aidez si bien à faire « mes affaires que je veux vous aider à faire les « vôtres. » Puis, suivait le don d'une somme de vingt mille écus. « J'ai su, lui mandait-il une autre fois, que vous faites bâtir à la Chapelle et que vous y faites un parc. Comme ami des bâtisseurs et votre bon maître, je vous donne six mille livres pour vous aider à faire quelque chose de beau. »

Bien que le duc de Sully gémît quelquefois de la passion du roi pour la chasse, il dut, malgré tout, souhaiter de lui voir prendre le plaisir de courir la ·bête fauve dans ses grands bois dans lesquels elle pullulait à cette époque ; cependant, en dépit de l'attrait plus ou moins vif qui devait attirer le roi dans ces vastes solitudes boisées, j'avais peine à me persuader qu'il les eût réellement visitées (Sully n'en disant mot dans ses mémoires), lorsque la communication du contenu d'une lettre du roi à M. Pot de Rhodes, alors maître des cérémonies de France et propriétaire du château de Menetou-Salon, est venue modifier ma première opinion. Cette lettre qui était, dit-on, datée d'Ivoy-le-Pré, n'existe plus ; mais M. Milhiet, Mme Victor Tourangin, épouse du sénateur de ce nom, M. Théophile Pellé, ont souvent entendu raconter par leur père et grand-père, qui avait eu connaissance de cette lettre, les quelques lignes qui la composaient. Le témoignage de ces trois honorables personnes ne laisse aucun doute sur la vérité de ce fait, et, quant à moi, je le regarde tout à fait comme certain. M. Milhiet père était né à

Menetou-Salon; il avait des relations fréquentes avec les propriétaires du château qui ont remplacé à Menetou la famille du maître des cérémonies de France, M. Pot de Rhodes, auquel cette lettre était adressée, et dont voici le contenu :

« Je suis à Ivoy (1); amenez-y tout votre monde pour étourdir le nôtre.

« HENRY. »

La missive royale était cachetée de rouge et liée avec une soie verte; du reste, la date

(1) La terre d'Ivoy-le-Pré possède un château qui appartenait, au XVe siècle, à Jean de Hangest, sire de Genlis; ce château devint dans les commencements de celui-ci la propriété de la famille Paulze, dont l'un des membres est actuellement préfet du Cher.

La famille Paulze joint à la plus grande honorabilité un caractère extrêmement bienfaisant. Mme Jacques Paulze se faisait chérir à Ivoy pendant les séjours qu'elle y fit avec sa nombreuse famille; le souvenir des bienfaits qu'elle y a répandus est si peu effacé que l'année dernière M. le préfet du Cher a reçu, dans ce petit pays, une réception qu'on pourrait à juste titre nommer une ovation du cœur.... Les habitants ayant appris que le préfet était en chemin pour se rendre à Ivoy, allèrent spontanément en masse l'attendre à plus de deux lieues de cette localité. Une telle démarche fait autant l'éloge de ceux qui l'ont faite que de celui qui en a été l'objet.

de cette lettre coïncide parfaitement avec un passage de l'*Histoire du Berry* de M. de Raynal, lequel explique tout à la fois et le voyage du prince dans les propriétés du duc de Sully et le mystère que celui-ci a voulu en faire.

« Le roi, dit M. de Raynal, s'était éloigné de Paris en l'année 1606, en raison des maladies épidémiques qui régnaient dans la capitale; il s'était approché de la Loire en annonçant qu'il s'avancerait jusqu'à Bourges. Déjà, les arcs de triomphe avaient été dressés en cette ville, quand on y apprit, au mois d'octobre, que si Sa Majesté venait en Berry, elle ne viendrait pas à Bourges. » L'auteur de ce passage n'ajoute pas si le roi a fait ce voyage; il s'abstient, tout en informant le lecteur des circonstances qui ont empêché ce prince de favoriser de sa présence les habitants de Bourges dont il était mécontent, dit-il, parce que ceux-ci avaient refusé à deux reprises différentes un subside extraordinaire qui leur avait été demandé.

Quant au silence que Sully garde des visites du roi dans son domaine particulier, il est tout à fait naturel et se conçoit aisément pour peu qu'on veuille bien se reporter à l'époque où Sully a commencé à écrire ses mémoires; cette époque est celle de sa retraite définitive de la cour; c'est celle de ses derniers débats avec la régente, la reine Marie de Médicis, débats dans lesquels la reine se montra si doucereusement aigre dans les explications qu'elle demanda à Sully, que celui-ci se vit en quelque sorte contraint d'entrer dans des justifications financières qui durent autant blesser son cœur que son amour-propre. Quelque éloigné de Paris que se tînt le grand homme pendant les premiers moments de la mort de Henri IV, il n'en recevait pas moins la copie des pamphlets qui s'écrivaient contre lui et qui attaquaient tout à la fois l'intégrité de son administration et l'honorabilité de son caractère politique; il n'ignorait aucun des lazzis qu'on lançait contre son orgueil en souffrance et contre la prétention qu'il avait eue de fonder une ville....

Donc Sully dut nécessairement, dans cette circonstance, éviter de parler d'Henrichemont dont les rues, seulement tracées, ne devaient plus se bâtir!... La relation des visites royales à l'époque où Sully publiait ses mémoires n'aurait flatté que rétrospectivement son orgueil, tandis qu'elle pouvait fournir le sujet de nouvelles épigrammes contre lui; mais nous ne sommes pas encore parvenus à cette triste phase de la vie de Sully; cette année de 1607 et celles qui suivirent jusqu'à la mort de Henri IV nous le montrent, au contraire, à l'apogée de la puissance et des honneurs; la visite royale était, pour ce grand seigneur, une faveur sans doute fort appréciée, fort enviée par tout le monde, mais elle était en somme une circonstance ordinaire dans la vie de l'illustre ministre; elle a dû être d'une tout autre nature pour les habitants de la principauté de Bois-Belle pour la plupart desquels le voyage de Bourges était encore une sorte de curiosité que peu de gens étaient appelés à satisfaire. La présence du monarque a donc laissé dans ce pays un prestige merveilleux qui n'est pas tout à fait détruit, et qui même a donné lieu au récit de diverses anecdotes dont ce prince est censé avoir été le héros. Quelques-unes de ces aventures sont, selon moi, entièrement apocryphes. Dans ce nombre, je citerai la relation de la visite du roi Henri IV au moulin du meunier Michau qui, dit-on, habitait Bois-Belle. Cet épisode supposé de la vie du Béarnais a déjà été traité par Collé, dans un vaudeville qui a pour titre *la Partie de chasse;* les incidents de cette pièce, fort spirituelle du reste, sont eux-mêmes empruntés à Dodsley, auteur anglais, qui a écrit une comédie nommée *le Roi et le Meunier :* même scène, mêmes décors, même intrigue. La seule différence qui s'y trouve existe seulement dans le lieu où se passe l'action. Collé la place en France, dans la forêt de Sénart; Dodsley la noue en Angleterre, dans le bois de Sheerwood; le héros du premier est le roi Henri IV; celui du second est Henri VI.

On raconte un autre trait qui, sans être plus authentique que le premier, a du moins le mérite d'être plus vraisemblable; il est en outre tout à fait dans le caractère du paysan berrichon que l'on met en scène.

Henri IV, dit la tradition, chevauchait un peu en avant de sa suite et traversait tout seul la ville de Bois-Belle pour se rendre à Boucard où il devait y avoir ce jour même une réception officielle ; sur son chemin, il vit un jeune paysan dont l'allure précipitée le frappa. « Où vas-tu donc en si grande hâte, mon ami ? lui demanda le roi en arrêtant son cheval. —Monsieur, répondit le paysan, je m'en vais voir le roi de Paris que notre prince a fait venir à Boucard. —Je me rends aussi à cette résidence, répliqua Sa Majesté ; monte en croupe, mon cheval est bon, il nous portera bien tous les deux. » Le paysan secoua la tête en se grattant l'oreille ; il ouvrait de grands yeux et restait bouche béante ; car si, d'une part, la proposition du cavalier le tentait fortement, de l'autre, il se sentait quelque peu intimidé par la bonne mine de son interlocuteur ; cependant, celui-ci ayant renouvelé son offre obligeante, le paysan se décida à l'accepter.... Le voici donc en croupe, heureux comme un prince, et ne se doutant guère de l'honneur qu'il avait d'en escorter un d'aussi près. Chemin faisant, le roi fit jaser son compagnon ; une seule chose inquiétait vivement celui-ci... il ne devinait pas comment il s'y prendrait pour reconnaître le roi au milieu de tous les grands seigneurs de sa cour :

« Rien de plus facile, lui répondit Henri IV; vous n'aurez, en arrivant à Boucard, qu'à regarder celui de tous les cavaliers qui gardera son chapeau sur la tête, tandis que les autres resteront tête nue devant lui.... »

Arrivés à destination, nos deux voyageurs furent entourés et salués par la foule des courtisans, parmi lesquels la vue et la tournure du paysan excitèrent une hilarité que le respect dû à la présence royale contenait à peine : « Eh bien, mon ami, lui demanda le prince en tournant son visage vers celui-ci, reconnais-tu bien le roi maintenant? — Nenni, monsieur, répondit l'homme des champs, à moins cependant que je le seyions l'un ou l'autre, puisque j'avons seuls nos chapiaux sur nos têtes.... (1) »

Remarquez bien, cher lecteur, que je vous donne ces histoires telles que je les ai reçues, sans rien garantir de leur authenticité; toutefois, Henri IV, plus que tout autre prince, a pu en être le héros; son éducation première

_____

(1) Toutes les traditions locales ont été recueillies à Henrichemont, par M. Doumichaud, commissaire de police, dont le zèle et la complaisance ont été extrêmes en cette circonstance.

lui ayant donné des habitudes indépendantes de toute étiquette, on peut jusqu'à un certain point concevoir sa pérégrination solitaire dans la campagne dont les aspects sauvages lui étaient familiers. Le soin de sa personne d'ailleurs, la crainte de quelque danger l'eût plus volontiers saisi dans les rues de la capitale, tout environné de gardes, ainsi qu'il eût été, que seul et sans suite au milieu des champs; car il lui avait été prédit qu'il mourrait dans un carrosse, et le grand roi ne dissimulait pas l'aversion qu'il éprouvait pour ce genre de locomotion (1).

(1) *Mémoires du duc de Sully.*

CHAPITRE XIX.

La fondation d'Henrichemont fut sans doute décidée entre Henri IV et Sully pendant un des voyages que le roi fit soit à Ivoy-le-Pré, soit à la Chapelle-Dam-Gilon. Ce fut le 8 décembre de l'année 1608 que Sully passa un marché avec Hugues Cosnier (1), entrepreneur du canal de Briare, et Jonas Robelin, maître maçon de Paris, pour la construction de cette ville. L'acte de ce traité fut dressé par Samuel Christophe, notaire à Bois-Belle, et passé par-devant François Le

(1) Voyez aux Notes justificatives le fac-simile de la signature des Sully et celui des entrepreneurs témoins, ainsi que la copie des termes du contrat qui fut signé à cette occasion.

Maréchal, sieur de Corbet, et Pierre Éverard, secrétaire de la chambre du roi. Sully nomma, en l'honneur de son maître, la nouvelle ville Henri-Mont ou Henricimons, dont on a fait Henrichemont; son enceinte devait former un carré de deux cent cinquante-six toises d'étendue sur chaque face et renfermer une église catholique, un temple protestant, un collége, une halle, une hôtellerie; de plus, seize corps de logis en briques, embellis à l'extérieur par de grands pilastres; le tout entouré d'épaisses murailles défendues par des fossés larges et profonds. Le tracé de ces fossés se retrouve encore aujourd'hui autour d'Henrichemont.

Sully défendit à toute personne de bâtir dans l'enceinte de la ville avant que les principales constructions fussent achevées. La première pierre en fut posée le 13 avril 1609, au logis de M. Descures; il était situé sur la grande place à laquelle on donna le nom de Béthune; les quatre portes de la cité reçurent également des noms princiers, par exemple ceux de la reine et des princes; les rues qui devaient aboutir à ces portes sont encore aujourd'hui désignées selon leur premier baptême. Ainsi on les nomme : Porte-Marie, rue Porte-d'Anjou, Porte-Dauphine et Porte-d'Orléans. On dit qu'au-dessus de la principale entrée de la ville on avait le projet de graver sur une table de marbre l'inscription suivante : « En l'an 1609 de la mort d'un seul pour le salut de tous, le xvème du règne fleurissant de Henri IVème du nom, monarque des François, roy des batailles, toujours auguste et victorieux, père et restaurateur de l'État en France et de la paix au monde, au troisième mois de l'an, dont le nom est sacré à sa mémoire, Maximilien de Béthune, duc de Sully, marquis de Rosny, sire d'Orval, prince souverain de Bois-Belle, pair et grand-maistre des armées, thrésorier de France, après trente années de services rendus à son roy et à sa patrie, en toutes les plus importantes occurrences de paix et de guerre, comblé d'honneur et de gloire pour avoir secondé les plus hautes intentions de son généreux maître, fait prospérer ses affaires, banny la nécessité, restably l'ordre, la paix et l'abondance, pour mémoire à la postérité de choses si augustes, a basty le sol des fondemens de cette ville de Henrimont, dont la félicité doit être éternelle,

puisqu'en son front reluit et en ses por-
tiques est fondée la gloire du monarque,
l'honneur des règnes, l'espoir des François
et l'eslite des hommes (1).... »

Mais, hélas! le 10 mai 1610, journée
funeste où s'accomplit l'assassinat du roi
Henri IV, le destin jeta également le drap des
morts sur la ville d'Henrichemont dont les
constructions étaient à peine commencées.
Sully, disgracié, fit cesser les travaux qu'on
ne reprit jamais ; le grand ministre, qui avait
déjà été en butte aux railleries des courtisans, même du vivant du roi, à propos de
la fondation d'Henrichemont, apprit dans sa
retraite de Montrond, où il tomba malade,
tout ce qui se disait à Paris à ce sujet. « Le
grand-maître (2), y disait-on, ne se conso-
leroit jamais d'avoir perdu l'espoir de renouveler à son profit le traité de Sedan (3), devenu désormais impossible puisque les

(1) *Histoire du Berry*, par **M**. de Raynal.

(2) Allusion à sa charge de grand-maître d'artillerie
de France. Henri IV appelait familièrement le duc de
Sully le grand-maître.

(3) Sedan forma sous Charles le Chauve une principauté indépendante qui fut acquise au xvɪᵉ siècle par la

murailles, construites tout exprès pour servir de refuge aux protestants, ne s'achève-
roient plus !... » Il n'est sorte d'injures dont
on n'accablât Sully à cette époque : l'envie et
la jalousie se vengèrent en un jour de tant
d'années passées à souffrir la vue de son
bonheur, de sa gloire et des honneurs qui
lui avaient été prodigués. Il faut absolument
lire les mémoires de Sully pour se faire une
idée des souffrances morales qui atteignirent
ce grand homme dans sa chute. « J'ai vu,
dit-il dans un moment où son âme con-
tristée exhale des plaintes qui sont en quelque sorte une protestation contre les injus-
tices dont il était la victime, j'ai vu passer
des temps bien malheureux depuis la mort
du roi ; mon cœur a été sensiblement péné-
tré de la guerre que j'ai vue s'allumer contre
ceux de ma religion ; mille motifs d'y prendre
part se présentoient à moi, pour peu que

maison de Bouillon. Sous le roi Henri IV, le duc de Bouillon, zélé huguenot, fit dans les murs de cette ville une
forte opposition qui finit par un accommodement. La
pricipauté de Sedan fut réunie à la France par le duc
de Richelieu, qui en déposséda Maurice de Bouillon,
complice de Cinq-Mars.

j'eusse eu de disposition à m'étourdir moi-même. J'ai résisté à cet appât; je n'ai donné aucun sujet au roi de me regarder comme rebelle; enfin, j'ai eu le bonheur d'être demeuré toute ma vie fidèle aux promesses que j'avais faites à mes bienfaiteurs, ainsi qu'aux devoirs d'un bon citoyen (1). »

Il est impossible de se dissimuler que Henri IV fut tout le temps de son règne placé entre les défiances continuelles des catholiques qui le soupçonnaient d'être resté fidèle à l'erreur protestante, et celles des protestants qui ne lui pardonnaient pas d'être devenu franchement catholique (2). Il est aussi vrai d'ajouter que Sully, tout attaché qu'il paraît être à la cause protestante, se montra, dans toutes les circonstances graves et solennelles, aussi juste que possible pour le parti opposé; il affecte même d'une manière toute particulière d'écarter de l'esprit

(1) *Mémoires du duc de Sully*, chap. xviii, tome VI.

(2) « Il y a trois choses, disait Henri IV, que personne ne veut croire : que la reine d'Angleterre soit morte fille, que l'archiduc est un grand capitaine et le roi de France un bon catholique. » (*Mémoires du duc de Sully*, vol. III, p. 22.)

public le soupçon qu'il pourrait, dans un temps ou dans un autre, se ranger parmi ceux qui faisaient de l'opposition au gouvernement de Henri IV et, plus tard, à celui de son fils et son successeur. C'est donc une fort grande erreur et en même temps une cruelle injure qu'on fait au noble caractère de Sully que de paraître l'en croire capable ; ses ennemis ne la lui épargnèrent pas, comme le prouve le contenu de ce pamphlet qui circula après la retraite de la cour, et qui portait ce titre : « Priviléges, libertés et franchises de la ville capitale de Bois-Belle (1).

« Dieu sera servi en la dite ville à la fantaisie du prince d'icelle, nonobstant le concile de Trente, auquel quant à présent sera dérogé. La foy et les cérémonies de la primitive Église seront bannies comme surannées, ne servant qu'à tenir le peuple en humeur et obéissance, vices contraires à la réformation du temps qui court. Tous juifs, musulmans, anabaptistes, martinistes, zingliens, puritains, calvinistes et autres tels

______

(1) *Histoire du Berry*, par M. de Raynal, vol. IV, p. 235.

gens de biens y seront admis avec la liberté de conscience pour maintenir au monde l'indévotion et l'irréligion.... Tous mariages se feront à la dite ville à discrétion, même se pourront consommer par procureurs, sans procuration.... L'histoire fantasque du président de Thou, corrigée par Casaubon, y sera autorisée, et, si autrement est dit à Rome, sera appelée comme d'abus.... Le bonhomme desdommagement (1), fondateur de la dite ville, sera à perpétuité honoré dans icelle.... La dite ville servira de passage aux paquets qui seront portés de Genève à la Rochelle pour la tranquillité de la France... et pour mémoire éternelle de l'heureuse édification de la dite ville sera gravée sur le front d'icelle cette inscription :

> Par l'audace d'un Écossois,
> Poussé d'un insolent mérite,
> Cette ville a été construite
> Du sang le plus pur des François. »

Malgré la grossièreté de ces insultes dont

(1) Allusion aux indemnités qu'il y eut à régler après la guerre civile et qu'on disait être la source de la grande fortune de Sully.

la postérité a fait justice Sully n'en souffrit pas moins cruellement.

C'était donc de cette manière que le peuple français récompensait l'abnégation des sentiments religieux et la probité du ministre !...

Toute la vie de Sully proteste contre chacun des traits odieusement malins qui cherchèrent à cette époque à entacher sa gloire ou à blesser son cœur.

Sully croyait qu'en aimant Dieu tous les chemins étaient bons pour arriver au Ciel ! C'est à cette erreur de jugement que le protestantisme a eu l'honneur de le conserver dans son sein, le grand homme possédant une sorte d'attraction catholique qui lui fit élever, à l'exception de sa fille aînée, tous ses autres enfants dans cette Église. Il eut assez de droiture pour prendre la défense des jésuites quand ceux-ci furent injustement attaqués par les ennemis toujours renaissants de cet ordre; s'il résista avec une tendre énergie aux paternels avis du pape Paul V et aux vives sollicitations du roi qui le pressaient l'un et l'autre d'abandonner le culte des réformés, c'est que le roi faisait

suivre son conseil d'offres tellement brillantes pour la maison et la fortune du duc
de Sully, que celui-ci eût cru paraître, en
y cédant, ne s'être déterminé en matière
religieuse que par des considérations pure-
ment humaines qui répugnaient à sa conscience.

CHAPITRE XX.

En dépit de l'abandon des belles constructions monumentales d'Henrichemont, cette
ville n'en devint pas moins la capitale de la
principauté de Bois-Belle au détriment de
l'ancienne cité de ce nom qu'on délaissa peu
à peu complétement. Adieu donc à celle-ci !
Adieu, Bois-Belle, franche cité des temps
antiques ! adieu !.... Adieu, gentil vallon,
frais bocage, berceau des poétiques légendes !
Mon devoir est de te quitter !... Que ne suis-je
poëte et libre de choisir à ma guise le sujet
de mon histoire ! Je ne suivrais certainement
point à Henrichemont M. le bailli assisté de
ses conseillers, ni M. le prévôt, ni MM. les
membres de la chambre souveraine, pas

plus que MM. les officiers de la monnaie....
Je laisserais à ces différents dignitaires le soin
de balancer l'encensoir devant la nouvelle cité
qui te supplante, mais ne te remplace pas....
Si j'étais libre, je resterais dans ton enceinte,
pauvre Bois-Belle, toi qui es restée au
milieu des grandeurs, simplement ceinturée
d'aubépine ; je m'y agenouillerais sur le
seuil de l'église Sainte-Élisabeth jusqu'à
ce que la main de l'ingratitude eût tout dé-
pouillé, même le cimetière sur lequel l'auguste croix répandait l'ombre du signe de
la miséricorde; je resterais là jusqu'à l'en-
lèvement de la dernière de tes tombes pro-
fanées. Car c'est ainsi qu'on en agit par la
suite des temps avec l'ancienne capitale de la
principauté; on ne lui laissa rien de ce qu'elle
avait possédé ; on lui enleva tout ce que la
main des hommes avait autrefois édifié dans
son enceinte; elle a vu fuir devant elle le
témoignage de la puissance et de toutes les
vanités qui en découlent; la maison de Dieu
même n'a point été respectée; la fontaine
seule est restée comme un don naturel qu'on
ne pouvait détruire et qui a servi à conserver la seule industrie qu'on puisse désor-

mais y établir. Le poétique souvenir de sa fontaine a préservé la vieille cité d'un entier oubli et la venge encore du cruel abandon dans lequel on l'a laissée après la construction d'Henrichemont, abandon qui l'a fait descendre du rang de ville à celui de simple village. Bois-Belle aujourd'hui n'est pas même une paroisse; quelques anciennes maisons à pignons droits et à colombiers s'y montrent seules comme les derniers vestiges d'une gloire à jamais éteinte, et le pays n'est plus, pour ainsi dire, habité que par des tanneurs dont le commerce possède une certaine importance; du reste, la localité tout entière est couverte de petites industries qui, sans jeter beaucoup d'éclat, n'en sont ni moins honorables ni moins utiles (1).

(1) On fabrique dans les environs d'Henrichemont du drap et différentes sortes de droguet.

Le village de la Borne fournit des poteries très-estimées. Les verreries y sont aussi nombreuses.

CHAPITRE XXI.

Henrichemont, la nouvelle capitale du royaume de Bois-Belle, arrosé par la rivière de la Petite-Sauldre, est situé au couchant d'un plateau qui n'est lui-même qu'un prolongement de la montagne nommée la Motte-d'Humbligny, l'un des points les plus élevés du département du Cher. Les bois de Saint-Palais, qui bornent son horizon à l'ouest, lui voilent, en se prolongeant vers le nord, le château d'Ivoy et celui de la Chapelle-Dam-Gilon. La route de Bourges se trouve au midi de la grande étoile formée par un rayonnement de huit rues bien alignées dont la vaste place de Béthune est le centre. Quatre de ces rues sont commencées et terminées par des pavillons bâtis à angles droits, dont les toits pointus, recouverts en ardoises, donnent une idée exacte (malgré le mauvais état de réparation dans lequel ils sont tombés) de la splendeur qui devait présider aux constructions des monuments de cette ville, si les premiers projets de fondation eussent été exécutés.

Lorsque arriva la mort du roi Henri IV, les bâtiments élevés à Henrichemont se résumaient dans les pavillons de la grande place et ceux qui devaient relier la ville aux portes désignées ; par conséquent, ni la halle, ni le collége, ni le temple, ni l'église ne furent même commencés à construire. Cependant comme, après l'obligation de manger, le premier désir de l'homme et son plus impérieux besoin est encore, malgré tout, celui de la prière, les habitants d'Henrichemont s'inquiétèrent bientôt des moyens de trouver un lieu convenable pour l'attribuer aux cérémonies de l'Église. La tradition rapporte que deux vieilles demoiselles nommées Mlles Bonnet et Beaufils, firent don à la ville d'un logis qu'on appropria au culte et qui devint, par la suite, avec l'annexe de quelques chapelles, l'église paroissiale qu'on a démolie il y a deux ans, avec l'espoir d'en construire une nouvelle.

La première église d'Henrichemont a été consacrée, sous le vocable de Saint-Laurent, par Mgr Frémiot, archevêque de Bourges, le jour de Saint-Laurent, 1614 (1).

Cette même année, César de Béthune, deuxième fils de Sully, mourut sans postérité. Ce décès remit en question toutes les précautions que Sully avait prises précédemment pour assurer à peu près à chacun de ses enfants le même avenir. Sully, malgré ses grands biens, fut, pendant toute sa vie, tiraillé par des embarras d'argent ; le soin de sa nombreuse famille, fruit de deux alliances, l'entraîna dans des combinaisons financières qui l'amenèrent à contracter des arrangements dont les conséquences eurent pour résultat de remplir les dernières années de sa vie de dégoût et d'amertume, et de fomenter, parmi ses descendants, des discordes telles qu'elles ne purent se vider sans scandale,

(1) Journal de la fabrique d'Henrichemont, manuscrit daté de l'année 1679.

ainsi que nous aurons lieu de le prouver dans la suite de ce récit.

Le duc de Sully, eut de ses deux alliances, cinq enfants : l'aîné était une fille qui devint la duchesse de Rohan ; la cadette épousa le duc de Mirepoix ; son fils aîné, issu de son mariage avec Anne de Courtenay, se nommait Maximilien II ; il était moins riche par sa mère que ses deux frères cadets qui devaient le jour à Rachel de Cochefilet, seconde épouse de Sully. Celui-ci, afin d'assurer un patrimoine digne de son nom à l'héritier de son titre, avait fait, en 1609, la substitution de ses biens à ses enfants, en réservant toutefois l'usufruit. D'après cet acte, Maximilien II possédait la duché-pairie de Sully, le marquisat de Rosny, ainsi que la souveraineté de Bois-Belle ; de plus, il resta en communauté avec son père, circonstance qui causa à ce dernier toute sorte d'embarras, vu le mauvais ménage de Maximilien II et le désordre qu'il mit dans sa maison en contractant des dettes qu'il était impuissant à rembourser, et que son père ne paya pas sans éprouver beaucoup d'ennuis, et même sans se mettre dans une gêne si grande qu'il dut, à plusieurs reprises, avoir recours à des emprunts, à des échanges de terres ou de bijoux avec le prince de Condé. La nomenclature de pierreries échangées dans une de ces sortes de marchés, la somme qu'elles représentent sont aussi curieuses l'une que l'autre (1). On a peine à s'imaginer aujourd'hui qu'on pouvait ainsi à une autre époque laisser dans l'écrin des valeurs aussi considérables que celles-là. La souveraineté de Bois-Belle, ainsi que la terre de la Chapelle-Dam-Gilon, ne firent jamais partie d'aucun de ces trafics. J'ai déjà dit quelques mots de la magnifique terrasse que Sully avait fait construire dans ce dernier lieu ; c'est aussi par ses soins que l'église de la ville a été rebâtie avec les démolitions de la chapelle qui se trouvait trop près du château et que, pour cette raison, il avait fait abattre. La Chapelle-Dam-Gilon devint souvent sa résidence dans les premiers temps de la mort du roi Henri IV. Il est à croire

______

(1) Voir, aux Pièces justificatives, l'échange de pierreries entre le prince de Condé et le duc de Sully. (Fonds de Saint-Amand.)

que l'ancien ministre visita souvent, à cette époque, la souveraineté de Bois-Belle et Henrichemont, et le soin avec lequel il évite d'en parler prouve une fois de plus combien les sarcasmes qui avaient accueilli la construction de cette dernière ville l'avaient blessé profondément, Sully n'étant point resté aussi indifférent qu'il affecte de le paraître à tout ce qui se passait à la cour, quoiqu'il dise « *l'avoir quittée* avec la même froideur qu'un homme pour lequel elle n'auroit pas été un théâtre de gloire et de bonheur.... »

CHAPITRE XXII.

En l'année 1619, la chambre souveraine d'Henrichemont fut saisie d'un procès dont les détails naïfs et burlesques pourraient fournir le sujet d'un épisode assez divertissant si, d'une autre part, l'ombre noire d'un gibet ne projetait sa lugubre silhouette sur l'ensemble du récit.

Le héros de ce procès est un vieux berger accusé de sorcellerie. Jean Chenu, bailli de Brécy, assesseur en même temps à la chambre souveraine d'Henrichemont, fut tout à la fois son juge et son historien. L'horreur de Jean Chenu pour les sorciers s'était déjà manifestée en plus d'une circonstance lorsque l'affaire de Gilbert Fourneau, l'accusé d'Henrichemont, arriva en instance. C'est à la

suite de détails fort longs et fort circonstan-
ciés, que cet auteur donne à propos d'un
procès intenté à une bande de prétendus
ensorcelés de Brécy, qu'il raconte l'incident
du vieux berger. Peut-être était-il encore
sous l'influence des révélations des accusés
de Brécy lorsqu'il le condamna si rigoureu-
sement. Les sorciers de ce dernier endroit
s'assemblaient, dit-on, à certains jours sans
clair de lune afin d'assister au sabbat qui avait
lieu dans un carrefour nommé le Carroy-Bil-
leron. Sorciers et sorcières partaient vers
minuit, enlevés par le diable, et arrivaient au
rendez-vous sans savoir comment ils y étaient
venus, le démon leur cachant soigneusement
le moyen de locomotion qu'il employait pour
les faire voyager; ils revenaient chez eux par
la même voie, aux premières lueurs du jour.
Les plus malins cueillaient en route la ver-
veine et le trèfle à quatre feuilles qui donne à
celui qui le trouve un remède certain contre
tous les maux de la vie. Ces réunions mysté-
rieuses où quelques sots furent entraînés par
des pervers, cachaient certainement beaucoup de vices et peut-être des crimes. Elles
avaient enflammé le courroux de Jean Chenu

qui termine ainsi la narration des nombreux méfaits qui sont censés s'y être commis : « Pour en finir, dit-il, avec le traité des sorciers, je rapporterai un autre fait fort étrange de leur métier, lequel est arrivé à Menetou-Salon (1), la veille de la Fête-Dieu, 1619 :

« Un mendiant nommé Gilbert Fourneau, natif du lieu du monastère, en pays bourbonnois, vêtu de toile fort déchirée et noir comme un diable, demanda, en traversant le bourg de Saint-Palais, la charité à une femme qui étoit assise devant la porte de

______

(1) La terre de Menetou-Salon consistait autrefois en deux parties : la première relevait du roi; l'autre, nommée le fief Pot, relevait de la souveraineté de Bois-Belle. Menetou est appelé en latin, dans les anciens titres de Saint-Sulpice de Bourges, *monasterium Sarlonis*, parce que Sarlon en était le seigneur. Il ne faut pas oublier que ce Sarlon était de la première famille des Seuly, les premiers souverains de Bois-Belle. La terre de Menetou entra dans la maison Pot de Rhodes (originaire du bas Berry) par le mariage de Georgette de Balzac-d'Entragues avec Jean Pot, chevalier, sieur de Rhodes. Elle devint, par un legs, la propriété du maréchal d'Izenghiern, et l'héritière de ce dernier, Mlle de Gand, la porta dans la famille Brancas-Lauraguais. Mme de Lauraguais eut deux filles : l'une se tua à la chasse, dans les bois de Menetou-Salon; l'autre épousa le prince d'Arenberg dont le troisième fils possède encore la terre de Menetou-Salon, autrefois le fief Pot.

sa demeure. Cette femme, après la requête du mendiant, rentra dans sa maison et en sortit bientôt munie d'un morceau de pain qu'elle lui offrit ; mais le mendiant le refusa en lui disant qu'elle devoit ne lui en donner que la moitié et garder le reste pour elle, ce que fit cette simple femme, dit Jean Chenu. » en ajoutant que tout aussitôt la pauvre créature avait été prise d'affreuses douleurs d'entrailles dont elle mourait au bout de quelques jours. Le berger, ajoute-t-il, ne s'en tint pas à cette méchante action. La mort de Louise Lefèvre (ainsi se nommait la femme trépassée) ne fit que précéder celle de Sylvine Roy qu'il avait rencontrée à Menetou-Salon ; il n'eut pas plutôt regardée celle-ci qu'elle se tordit en laissant échapper un enfant qu'elle tenait dans ses bras. « Prenez-le, s'étoit-elle écriée en le tendant à ceux qui se trouvoient près d'elle ; je suis morte ! » Effectivement, elle avait perdu connaissance et n'était revenue à la vie qu'avec d'affreux bâillements qui ne la quittèrent plus.

Le vieux berger fut mis en prison. Dans son interrogatoire, il se défendit vivement d'avoir employé contre Sylvine Roy aucun maléfice pour la rendre malade ; il parla d'un remède qui lui avait été, dit-il, administré à lui-même, en Savoie, dans un même malaise. Ce remède, composé de sucre, de vinaigre et de vin blanc, fut employé sans efficacité contre la pauvre ensorcelée ; car c'est ainsi qu'on jugea l'affaire. Si on avait permis à Gilbert Fourneau d'appliquer le remède qu'il avait indiqué, c'était uniquement dans l'espoir que lui seul pouvait détruire l'effet d'un mal dont il était soupçonné d'être l'auteur. Mais, ainsi que je l'ai déjà dit, ce remède ne servit à rien, sinon à augmenter les charges contre le pauvre berger qu'on accusa d'avoir encore ensorcelé quelques autres personnes par l'effet de son mauvais regard ; plusieurs avaient été prises de bâillements extraordinaires après l'avoir rencontré : elles étaient encore fort indisposées lorsque le juge du fief Pot, nommé Henri Quarmon, devant lequel Gilbert Fourneau avait été conduit, « lui fit appliquer la question, n'estimant pas, dit-il, qu'il y eût assez de charges pour le condamner. Le vieux berger, vaincu probablement par la souffrance de la torture, fit de tels aveux que le procureur fiscal en appela devant la cour

souveraine de Bois-Belle, d'où les appellations de cette justice (celle du fief Pot) res-
sortissent. »

La chambre souveraine d'Henrichemont
était présidée par M. Labbe de Champgrand,
assisté, ainsi que je l'ai dit, de Jean Chenu.
N'oublions pas que Jean Chenu était à cette
époque une des lumières du Berry (1).... Ce
qui ne l'empêcha pas de condamner le pauvre
sorcier à faire amende honorable nu, en
chemise, devant l'église de Menetou-Salon,
une torche ardente au poing, et enfin à être
étranglé et pendu après jugement qui fut
exécuté le 5 août 1619.

Les débats de la procédure avaient été
courts, ainsi que vous pouvez en juger par
le rapprochement de la date de l'arrestation
et celle de la pendaison. Le P. Girault, de
la Compagnie de Jésus, assista le condamné
dans ses derniers moments; il poussa la charité jusqu'au point d'embrasser son péni-
tent qu'il avait amené à se repentir de ses

(1) Les œuvres de Jean Chenu sont conservées à la
bibliothèque de la Cour impériale de Bourges. Son
éloge a été fait par Thomas de La Thaumassière. Jean
Chenu est un des hommes célèbres du Berry.

fautes (1), « en sorte qu'il sauva, dit toujours Jean Chenu, cette pauvre âme unie à un si méchant corps. »

Ainsi se termina ce drame. La sentence rigoureuse qui en fait le fond nous paraît dans ce siècle d'autant plus rigoureuse que nous ne nous faisons peut-être pas une idée exacte de l'effroi qu'inspiraient autrefois les sorciers, ni des vengeances et des crimes qui se commettaient alors sous le manteau des devins, sorciers et magiciens, lesquels faisaient métier d'exploiter la crédulité populaire. Néanmoins, j'ajoute avec un profond bonheur que l'exécution de Gilbert Fourneau est le seul acte de cette nature qui soit signalé dans les annales de la chambre souveraine de Bois-Belle et Henrichemont. Les lettres de grâce, pardon et rémissions que les différents seigneurs y accordèrent aux coupables sont infiniment plus nombreuses; elles sont, à mon avis, la meilleure oraison funèbre qu'on puisse faire de ces derniers.

(1) Jean Chenu, tome II.

CHAPITRE XXIII.

1621.

Après la prise de Sancerre par le prince de Condé, quelques religionnaires ayant à leur tête un pasteur nommé François Desfougères, vinrent se réfugier à Henrichemont (1). Ce fut probablement à cette époque qu'il s'établit un temple de protestants dans la ville; toutefois, leurs prosélytes y furent toujours peu nombreux; les catholiques possédaient, ainsi que je l'ai dit, une église. D'ailleurs, celle de Bois-Belle n'était point démolie; elle n'était même pas consacrée et

(1) *Histoire du Berry*, par M. de Raynal.

ne reçut cette cérémonie des mains de Mgr de Rohan, archevêque de Bourges, qu'en l'année 1633. La tradition rapporte que, malgré la petite distance qui sépare Henrichemont de Bois-Belle, il ne s'établit jamais aucun protestant dans ce dernier lieu. Ceci est tout naturel : au temps où les protestants vinrent s'établir à Henrichemont, Bois-Belle venait d'être abandonnée par les agents de l'autorité judiciaire et gouvernementale ; la ville n'était plus, comme elle l'avait été jadis, la demeure spéciale des gens investis du pouvoir, des heureux, des favorisés du siècle. Or, la religion catholique étant par son essence la suprême ressource de ceux qui n'en ont plus, renfermant en elle-même l'espoir, la consolation, la force de ceux que le sort châtie, la religion, dis-je, n'est, par conséquent, jamais abandonnée par les infortunés qu'elle met, par la foi, en contact direct avec Dieu dont les huguenots n'ont gardé que la divine figure. La ville de Bois-Belle, devenue principalement, par l'abandon des puissants, la patrie des faibles et des opprimés, a dû nécessairement rester entièrement catholique....

Du reste, les protestants ne firent que

passer à Henrichemont, et le carreau huguenot (le cimetière) y est depuis longtemps
abandonné.

Maximilien II de Béthune, fils aîné du duc
de Sully, mourut l'année où celui-ci reçut le
bâton de maréchal de France, c'est-à-dire
en 1634. Maximilien II ne laissait, de son
union avec Mlle de Créquy, qu'un fils qui
hérita des charges de son père et fut connu
sous le titre de prince d'Henrichemont; il
était encore fort jeune lorsqu'il suivit à Rome
son oncle de Créquy, alors ambassadeur dans
les États de l'Église. Le prince d'Henrichemont fut reçu d'une façon tout à fait distinguée
par le pape Urbain VIII, pour lequel le duc
de Sully lui avait donné des lettres de recom-
mandation. « Le pape, dit un vieil auteur (1),
accueillit ce jeune homme avec d'autant plus
de bienveillance qu'il reconnut en lui non-
seulement une image des grandes vertus de
son aïeul, mais aussi les marques de la piété
de ses ancêtres. »

Dans le courant du mois de mai de l'année
1635, le duc de Sully fixa définitivement

(1) Duchesne, p. 486.

l'organisation de l'hôtel des monnaies qui avait été transporté de Bois-Belle à Henrichemont. Des lettres patentes, portant la date du 10 mai, permettent à Pierre Frété, marchand à Lyon, et à Claude Minard, bourgeois de Paris (1), de travailler à la fabrication des monnaies de la principauté de Bois-Belle et Henrichemont. Un édit du mois de novembre suivant crée les officiers de ce nouvel établissement qui fut ainsi composé, savoir : un général, un greffier, un graveur, un estampeur, un procureur du prince. La même ordonnance investit ces différents officiers (2) de tout le pouvoir de la juridiction attribuée aux officiers royaux. Il existe encore aujourd'hui une série fort curieuse de monnaies de billon (3) frappées

(1) Ce détail est extrait d'un gros volume in-folio contenant les pièces imprimées qui ont été publiées à l'époque du procès de la famille de Sully ; ce volume appartenu à François Dumont, conseiller à la chambre souveraine d'Henrichemont. Il est aujourd'hui entre les mains de M. de Quincerot, curé de la paroisse Saint-Bonnet, à Bourges.

(2) Autrefois, les charges publiques se nommaient offices ; les personnes investies de ces charges prenaient par conséquent le titre d'officiers.

(3) Voir Tobiezen Buby Kelewel, *Revue numismatique*

au nom du prince souverain de Bois-Belle. J'ai vu aussi quelques jetons à l'effigie de Sully dont l'écu, très-bien conservé, témoigne que l'art monétaire de Bois-Belle valait bien celui d'un plus grand royaume. Cependant, il advint que ce privilége de frapper monnaie fut aussi attaqué que l'avaient été précédemment les autres franchises de cet État; mais, comme toujours, l'attaque eut pour résultat la sanction de la prérogative contestée, et le roi Louis XIII accorda au duc de Sully des lettres patentes pour en confirmer l'authenticité.

CHAPITRE XXIV.

Les lettres royales qui octroyèrent à la ville d'Henrichemont le droit de frapper monnaie ne furent promulguées qu'en 1644, trois années après la mort du grand homme qui les avaient obtenues.... L'illustre Sully avait cessé de vivre le 22 décembre 1641 ; il était mort à Villebon, l'une de ses terres ; il avait terminé sa longue et glorieuse carrière dans sa quatre-vingt-unième année. Retiré des affaires depuis l'âge de cinquante ans, « il s'était survécu trente années à lui-même, » s'écrie M. Henri Martin, en mentionnant la mort du grand ministre ; « il avait mené, depuis sa retraite jusqu'à son trépas, une existence pareille à celle de ces tristes ombres de l'Élysée d'Homère, qui regrettent toujours la vie sans pouvoir revivre. » Et je me permets d'ajouter à ceci qu'au milieu de cette fosse d'où il ne pouvait ni remonter ni descendre, il éprouva tous les chagrins que l'envie, la jalousie, l'injustice, la calomnie, les tracasseries d'argent peuvent apporter de dégoût et d'angoisses dans le cœur d'un père et d'un citoyen.

Dans le programme des bonnes actions dont Henri IV et Sully avaient médité l'accomplissement, ils avaient placé en première ligne celle d'éteindre ou d'apaiser les querelles religieuses qui, depuis tantôt quarante années, ensanglantaient la France ; cette circonstance cependant n'empêcha pas d'accuser Sully d'avoir essayé de bâtir au sein du royaume, en construisant Henriche-mont, un refuge, que dis-je ? une forteresse pour y maintenir en rébellion les ennemis de l'État, les protestants !... En vain rétablit-il les finances sans pour cela grever le peuple d'aucun impôt (1). Son immense for-

(1) Le dernier service que le duc de Sully rendit à son pays fut de diminuer la gabelle d'un quart sans que

tune ne fut pas à l'abri des attaques qu'on dirige contre les concussionnaires. On lui sut peu de gré du bien qu'il fit; on rechercha tout le bien qu'il ne fit pas pour le lui reprocher.... C'est, à peu de chose près du reste, tout ce que recueillent de leur vivant ceux qui, comme Sully, se dévouent aux intérêts généraux des masses. Mais la postérité, plus juste que les courtisans qui remplacèrent au Louvre les utiles artisans que ce prince et Sully y avaient installés, n'oublie pas ce que l'agriculture et le commerce de la France ont dû et doivent à ces noms illustres. C'est sous le ministère de Sully qu'Olivier de Serres et Laffenas plantèrent de mûriers le jardin des Tuileries, et, bien qu'après la mort de ce grand homme on eût abandonné les travaux qu'il avait entrepris, ainsi que les manufactures créées par Henri IV, l'essor qu'ils avaient, d'un commun accord, donné aux arts et au commerce, quoique ralenti dans sa course, continua ses progrès; d'ailleurs, le

l'État y perdit rien, les fermiers ayant accepté un rabais au renouvellement du bail. (Henri Martin, *Histoire de France*, vol. VIII.)

créateur des prairies artificielles, Olivier de Serres, avait publié son *Traité d'agriculture* et son *Ménage des champs*, et, quand la protection royale et ministérielle vint manquer à son œuvre, le fruit qu'elle devait produire avait déjà germé.

Sully, dont la retraite avait été suivie de beaucoup de douleurs, tant par les craintes que lui inspiraient les poursuites du prince de Condé qui avait demandé la confiscation de ses biens, que par le désordre qui s'était introduit dans les finances de son fils et, par suite, des siennes, eut encore la douleur de voir le prince d'Henrichemont, son petit-fils, se joindre aux créanciers de son père pour demander l'annulation des substitutions qu'en somme Sully n'avait consenties que par l'effet d'une prévoyance paternelle et pour assurer l'avenir à chacun de ses enfants. Donc, ayant eu l'affliction de perdre en partie le procès qui lui fut intenté à ce propos, et ayant été condamné à révoquer sa substitution pour quatre de ses terres, il ne survécut que huit jours à cet échec humiliant pour son caractère d'homme public et navrant pour ses sentiments de père. Mais, tout en déplorant la cause de la mort de Sully, je m'écrie : heureux l'homme qui parvient à l'âge de quatre-vingt-un ans et qui peut, comme Sully, mourir de douleur !... Hélas! tant d'autres à cet âge ont le cœur affaibli et, pour ainsi dire, momifié !

CHAPITRE XXV.

Le prince d'Henrichemont, Maximilien III de Béthune, succéda au premier duc de Sully dans la souveraineté de Bois-Belle ; ce prince avait épousé, en 1639, une fille du chancelier Séguier, nommée Charlotte ; cette riche alliance rétablit un peu les affaires de sa maison ; malgré tout, il ne chercha pas à continuer l'œuvre commencée par son grand-père, et Henrichemont dut désormais songer à se bâtir et à se peupler à la grâce de Dieu. Maximilien III, lieutenant général pour le roi en Dauphiné, gouverneur de Mantes et de Meulan, vécut sans s'occuper en aucune manière de la principauté dont il portait le nom ; il mourut en 1661, et la branche aînée des ducs de Sully s'éteignit en 1729, dans la personne de son petit-fils, Maximilien V de Béthune, qui n'eut point de postérité. Pendant le gouvernement de ces derniers ducs, il ne se passa à Henrichemont aucun fait qui mérite d'être cité, si ce n'est cependant la ferme du grenier à sel qui s'éleva de manière à procurer au seigneur le revenu annuel de vingt mille livres. Une ordonnance rendue contre les faux-sauniers et divers arrêts prouvent d'une manière incontestable que la chambre souveraine d'Henrichemont rendait la justice en dernier ressort ; ainsi, le 2 août 1656, il avait été rendu une sentence contre le sieur Joubert qui plaidait avec Marie-Gabrielle Cors ; Joubert interjeta appel à Paris et, le 24 octobre 1661, un arrêt du conseil d'État cassa l'arrêt rendu sur cet appel comme n'ayant pas eu le droit d'être formulé.

CHAPITRE XXVI.

L'acte de substitution que le duc de Sully avait passé, en 1609, au profit de ses enfants, fut, ainsi que je l'ai dit plus haut, la cause d'un grand scandale. Ce procès des descendants de Sully faisant partie de l'histoire de Bois-Belle, puisque la nature même ou du moins la qualité de cette principauté a été un des points les plus vifs du débat, je puis d'autant moins me dispenser d'en signaler la source et les détails que les pièces de ce procès sont à peu près les seules preuves authentiques dans lesquelles j'ai puisé les matériaux de ce récit. Que le lecteur me pardonne donc l'explication que je suis forcée d'en donner.

Maximilien Ier, duc de Sully, eut deux fils qui firent souche; l'aîné, nommé Maximilien, devint deuxième duc de Sully; le cadet, nommé François, prit le titre de comte d'Orval : ce dernier se maria deux fois; il épousa, en premières noces, l'an 1629, Jacqueline de Caumont et, en secondes, Anne d'Harville. La branche aînée des Sully s'étant éteinte au cinquième duc de cette lignée, il ne resta plus, comme représentants de la famille de Béthune, que les descendants de François de Béthune, comte d'Orval, lequel avait eu deux fils : l'aîné, nommé Alpin, né de Jacqueline de Caumont; le cadet, connu sous le nom d'Armand, comte d'Orval, devait le jour à Anne d'Harville. A la mort de Maximilien V, de la branche aînée, c'est-à-dire en 1729, la famille du comte d'Orval se composait du petit-fils d'Alpin de Béthune, nommé Louis-Pierre-Maximilien de Béthune, qui prit le titre de duc de Sully, et de son grand-oncle, Armand de Béthune, comte d'Orval, abbé de Sénanques, qui disputa à son petit-neveu l'héritage de duc et pair, ainsi que celui de la souveraineté de Bois-Belle, alléguant que l'ordre de la substitution du duc de Sully, étant rempli par deux degrés, il devait, selon la coutume du Berry, hériter des terres substituées comme étant le plus proche parent du donateur.

Ce fut un singulier débat que celui de ce procès, un sujet digne d'études, un triste exemple du pouvoir que l'amour de l'argent peut exercer sur l'esprit humain ; car, en cette occasion, la passion de posséder faussa à ce point le jugement du comte d'Orval que celui-ci ne craignit point de se servir, comme moyen d'attaque contre son petit-neveu, d'un argument qui, s'il eût prévalu, entraînait l'abaissement de sa propre maison en la dépossédant, tant dans le passé que dans l'avenir, des droits souverains dont elle jouissait sur la principauté de Bois-Belle. Le comte d'Orval a publié, dans ce procès, onze mémoires tendants à soutenir que la souveraineté de Bois-Belle n'existait pas ; que cet État était, ainsi que le reste de la France, soumis à la juridiction des lois françaises ; que le droit royal que s'étaient arrogé les seigneurs de cette principauté n'était qu'une illusion de leur orgueil, un fleuron sans valeur que leur vanité avait ajouté à leur couronne ducale!

Les avocats du duc Maximilien ne faillirent point à la réplique; ils ripostèrent par autant d'écrits qu'ils en avaient reçus de l'adversaire de leur client; c'est une justice qu'il faut leur rendre: ils n'ont épargné ni le papier, ni l'encre, ni les savantes recherches pour prouver leur bon droit qui, du reste, était patent. Un des mémoires qui furent publiés à cet époque expose en sept chefs ou articles différents les preuves de l'exercice du droit souverain dans l'État de Bois-Belle, depuis le premier seigneur connu, Henri II de Seuly, jusqu'à l'époque de l'ouverture des débats du procès intenté à Maximilien VI. Du reste, ils n'avaient pas besoin d'avoir recours à tant d'efforts de logique pour réfuter des allégations qui ne reposaient que sur des subtilités de questions de droit auxquelles le duc de Sully acquiesçait d'avance; car il était évident que les seigneurs de Bois-Belle avaient à toutes les époques exercé leur pouvoir sous la protection des rois de France; mais comme, d'un autre côté, ce protectorat n'avait entraîné de leur part aucun acte de vasselage, leur droit souverain était resté le même, sans rien perdre de sa valeur. Le titre précieux de souveraineté reconnu à Bois-Belle par Louis XIII et par cinq rois ses prédécesseurs, sortit encore victorieux de cette cruelle épreuve. Les efforts du comte d'Orval (1) pour l'effacer de l'histoire furent un des moyens dont la Providence se servit pour empêcher son souvenir de se perdre, tant il est vrai qu'en cette vie ce qui nous paraît épreuve ou châtiment n'est souvent qu'une faveur suprême, une grâce de Dieu dont les vues échappent à notre faible intelligence.

Il est bien certain que, sans le procès des ducs de Béthune-Sully, le voile épais de l'indifférence nous eût à jamais dérobé la

(1) Le titre de comte d'Orval porté par le quatrième fils du duc de Sully, dont les descendants formèrent la deuxième branche des ducs de cette maison, princes souverains de Bois-Belle, n'a aucun rapport avec la sirerie d'Orval, près Montrond et Saint-Amand, et qui a été également pendant longtemps une des propriétés de la famille de Béthune.

plupart des faits qui sont à la gloire de Bois-Belle ; car on ne passe guère à la postérité sans avoir fait plus ou moins parler de soi ; or, le modeste anneau royal porté par le seigneur souverain de Bois-Belle n'étant, en résumé, que l'alliance de ce seigneur avec la liberté du peuple, il exista entre les deux conjoints une paix si profonde qu'ils fussent probablement restés l'un et l'autre ignorés des historiens sans l'éclat que l'envie et la cupidité apportèrent du dehors dans cet État privilégié. Le bonheur a rarement des annales, car il passe ordinairement sur la vie qu'il enchante comme l'eau des sources entre les herbes que l'onde fait verdoyer sans que celles-ci songent à rapporter à son passage le principe de ce bienfait.

Le titre de duc et de pair de France, ainsi que celui de prince souverain de Bois-Belle et Henrichemont, fut conservé par un arrêt du conseil d'État, en date du 7 mars 1730, à Pierre-Louis-Maximilien de Béthune VI, décoré de l'ordre de la Toison d'or et sixième duc de Sully, à la charge par lui de rembourser à son oncle, Armand de Béthune, comte d'Orval, le prix de la moitié des terres dont l'apanage lui était dévolu ; aussi voyons-nous, dès l'année suivante, les débats recommencer ; mais comme le compétiteur de Maximilien VI était prêtre et par conséquent inhabile à former souche dans la famille, sa mort rendit le duc de Sully héritier de ses biens (1) et titres ; celui de comte d'Orval ne cessa pas d'être porté par ses descendants.

(1) Le premier duc de Sully avait, après beaucoup d'échanges, de ventes, de reprises, fini par céder tout à fait au prince de Condé les terres d'Orval, de Saint-Amand, ainsi que le château de Montrond : cette vente fournit à ce dernier lieu l'honneur d'avoir vu naître le duc d'Enghien, qui devint le grand Condé.

CHAPITRE XXVII.

A partir de l'année 1745, l'histoire du royaume de Bois-Belle a été écrite, pour ainsi dire, heure par heure, par un notaire d'Henrichemont, nommé Teillay, qui commence son œuvre manuscrite par la relation de la mort de son propre père, et, chose assez singulière, qui l'a terminée par l'annonce d'un autre décès. Je cite textuellement ce paragraphe afin d'initier le lecteur à l'esprit naïf de l'homme qui a tracé ces pages dont le volume excède l'intérêt, mais qui cependant possèdent le mérite d'être dictées avec une entière bonne foi : « Le

6 octobre 1788, dit André Teillay, sur les huit heures du soir, a décédé M. de Drumont, chevalier, comte de Melfort, lieutenant général des armées du roi, seigneur d'Ivoy-le-Pré, Malvoisine et autres lieux.... Il fut enterré dans le *cœur* de l'église dudict lieu avec un grand cortége, belle illumination. Je m'y trouvai et ne voullus pas être du grand repas qui fut donné par M. le curé, quoique j'y fus invité par trois fois. J'étois triste de la mort de ce respectable seigneur qui m'aymoit et m'honoroit de sa protection. (*Requiescant in pace!*) »

A l'époque où M. Teillay écrivait ces lignes, il avait passé l'âge de quatre-vingts ans. J'imagine que la postérité n'a guère à reprocher au tabellion d'Henrichemont que ses fautes d'orthographe; toutes les notes de son énorme manuscrit respirent la mansuétude la plus complète envers ses compatriotes; les détails qu'il donne sur le gouvernement patriarcal du bailli sont parfois empreints d'une bonhommie qui n'est pas exempte d'originalité et dont voici un échantillon : « Par un beau jour de juillet, dit-il dans un certain passage de son mémoire,

les officiers de police firent publier au son
du tambour et par la voix du sieur Bonnet,
garde, que, vu l'inconstance du temps, il
étoit permis (et cela sans péché) de travailler le dimanche dans toute la principauté de
Bois-Belle.... Cette annonce, continue-t-il,
causa une grande joie parmi la populace;
mais, hélas! elle fut de courte durée, car ce
fait ayant été dénoncé à M. le curé, il répondit résolûment que si quelqu'un venoit
se confesser à lui d'avoir enfreint la loi du
repos imposé le dimanche par l'Église à
tous les fidèles, il renverroit cette personne
à M. le bailly pour en obtenir l'absolution;
et, ajoute-t-il, bien qu'il y eût en ville, à la
honte de ses habitants, autant de jansénistes
et de protestants indévots que de catholiques peu soucieux de remplir leur devoir, ces
paroles de M. le curé mirent un terme salutaire au zèle des travailleurs dont cette nou-
veauté avait seule enflammé le courage; du
reste, un événement qui arriva juste le lendemain de cet incident mit toute la population en fête; et, comme ce jour se trouvoit
être un samedi, il est à croire qu'en dépit
de la permission civile accordée au travail,

personne n'eût songé à se livrer à aucune occupation, au milieu de la rumeur, du mouvement et de l'enthousiasme qu'occasionnèrent les réjouissances dont le programme fut publié à Henrichemont, le lendemain de ce jour, c'est-à-dire le dimanche. » Ces fêtes, qui égayèrent la population de la principauté douze jours durant, furent ordonnées à propos de la naissance d'un héritier présomptif de la souveraineté de Bois-Belle : « Le 5 juillet 1750, au matin, dit André Teillay, on reçut l'agréable nouvelle que S. A. R. Mme la comtesse d'Orval, duchesse de Sully, étoit heureusement accouchée d'un fils le 2 du courant, sur les dix heures du matin. L'on chanta aussitôt une grand'messe en action de grâce, l'on sonna les cloches presque tout le jour, et, à l'issue des vêpres, le *Te Deum* fut chanté devant les autorités civiles et militaires de la principauté, lesquelles se réunirent ensuite au clergé pour aller processionnellement, vers le soir, allumer un feu de joie dont l'échafaudage étoit dressé au milieu de la promenade nommée le Jeu-de-Paume.... Les magistrats assistèrent à cette cérémonie en robe de palais, et les ecclésiastique en chape. »

Le don de ce premier feu de joie (car il y en eut plusieurs) ne coûta rien à la ville. Dans le royaume de Bois-Belle la joie officielle ne fut jamais payée par ses heureux habitants (1). Le prince souverain, avec l'agrément duquel elles étaient ordonnées, n'en faisait pas non plus les frais; mais les riches propriétaires de cet admirable État avaient le bonheur de comprendre qu'après Dieu auquel ils devaient les bienfaits de l'opulence, les sages lois du souverain, unies au bon esprit du peuple dont ils étaient entourés, étaient en somme les conservateurs du bien-être dont ils étaient pourvus; donc, ils ne manquaient jamais aucune occasion de rendre au premier l'hommage dû à sa bienfaisante protection, tandis qu'ils cherchaient à éviter au second toute espèce de

(1) Tout ce qui est cité comme venant du manuscrit de M. Teillay est exactement vrai; beaucoup de phrases sont prises dans le texte même, les autres sont reproduites sans que le sens en ait été altéré. Ce manuscrit existe à Henrichemont entre les mains de M. Doumichaud, commissaire de police de cette ville dont je ne saurais trop louer l'obligeance.

charges.... Aussi, les habitants, ouvriers et manants, de la principauté de Bois-Belle, se montraient d'autant plus satisfaits de la belle fête qui se donnait le 5 juillet 1750, à Henrichemont, qu'ils savaient à l'avance qu'il ne leur en coûterait pas un centime pour s'amuser.

CHAPITRE XXVIII.

Mlle de Boischantel avait pris l'initiative pour la dépense à faire le premier jour des réjouissances qui eurent lieu à Henrichemont, à l'occasion de la naissance de S. A. S. le fils du comte d'Orval, duc de Sully.... Rien ne manqua, dit-on, à la solennité de cette fête. A peine le crépuscule commençait-il à jeter sur la ville cette douteuse obscurité qui précède la nuit, que chacun se mit en mouvement. La brigade des gardes ou archers à pied, que Maximilien VI avait établie en 1740, se joignit à la milice bourgeoise déjà rassemblée chez M. le bailli, afin de lui servir d'escorte pour la grande cérémonie du soir. L'équipement de ces archers mérite une mention particulière, vu que leur costume inaugura, comme par intuition, sur le dos des soldats d'un peuple libre, les couleurs nationales du drapeau français qui devait plus tard faire le tour du monde avec l'illustre général qui s'était fait en France le champion de la jeune liberté....

Les hommes de la nouvelle brigade des archers de la principauté d'Henrichemont portaient un habit rouge bordé d'une tresse d'argent, retombant sur une veste en drap bleu qu'accompagnaient une culotte et des bas de même nuance. Des aiguillettes aux trois couleurs flottaient avec grâce sur un mollet laissé à découvert et se répétaient de la même façon sur le rebord d'un chapeau à la mousquetaire, en feutre noir, également orné d'une tresse d'argent fin ; un fusil et un sabre à la hussarde complétaient ce costume guerrier, rehaussé le plus souvent par la bonne mine de ceux qui en étaient revêtus.

Le cortége des autorités civiles d'Henrichemont, augmenté par la présence de plusieurs seigneurs des environs, de leurs épouses, du marquis de Patanges, alors propriétaire du château d'Ivoy, se rangea en bon ordre et se mit en marche au son d'une salve d'artillerie dont le bruit formidable ébranla les échos voisins. Bientôt le cortége fut rejoint par les bannières de l'église qui précédaient M. le curé de la paroisse, MM. ses vicaires et les invités du clergé qui étaient venus partager avec leur doyen les honneurs de cette fête populaire, M. le curé d'Henrichemont devant être un des quatre grands personnages du cortége qui devaient allumer en même temps le feu de joie (1); cependant, l'honneur de la première allumette était ordinairement réservé à M. le bailli; mais, à cette époque, la charge de bailli était vacante; l'intérimaire se nommait M. Saillant : c'était un homme honoré de l'entière confiance du prince, décoré de l'ordre de Saint-Jean de Latran, ainsi que nous l'apprend un acte d'échange passé entre dom Besse, moine

(1) Les détails de ces fêtes sont consignés dans le manuscrit de M. Teillay, commencé le 10 mars 1746, terminé en 1788.

sulpicien, agissant pour le prieuré d'Achères, et le bailli d'Henrichemont, M. Saillant, représentant la principauté. M. Saillant avait décliné, à l'époque des fêtes d'Henrichemont, le droit qu'il avait de remplir, comme bailli, la fonction de président des fêtes populaires; cette modestie pleine de prudence lui fit de nombreux partisans parmi ceux surtout qui, par des motifs généraux ou particuliers, voyaient avec peine la charge de bailli se perpétuer dans la famille de Boischantel, dont les ancêtres en avaient acheté l'exercice au duc de Sully. Le dernier bailli de ce nom étant mort, c'était chez sa fille unique, et par conséquent son héritière, que la fête du premier jour des réjouissances publiques ordonnées pour la naissance du prince d'Henrichemont avait lieu.

Ne vous imaginez pas, cher lecteur, que Mlle de Boischantel fût une vieille fille prude, guindée, ou possédant, d'autre part, le caractère résolu dont l'âge viril doue les femmes obligées, par l'isolement, de prendre une initiative qui est plus volontiers l'apanage du sexe masculin.

Marie-Anne de Boischantel n'était encore qu'une jeune fleur à l'état de bouton, car elle n'avait pas encore atteint sa quinzième année; mais comme cette jeune personne était appelée à remplir prématurément un grand rôle dans le monde, elle portait avec un certain aplomb et beaucoup de grâce une robe traînante à corps baleiné, des souliers à talons rouges, une mouche posée sous l'œil gauche, et tout un échaffaudage de fleurs et même de fruits sur des cheveux soufflés en pouff et poudrés à l'iris.

On avait défoncé par son ordre, sur le lieu même où devait brûler le feu de joie, une barrique de vin, dont la distribution mit le peuple en gaieté. Deux jeunes filles, ses chambrières, passaient dans les groupes de grandes corbeilles remplies de beignets frits à l'huile et composés d'une pâte de froment mêlée à des raisins secs; quelques pièces de menue monnaie, laissées à dessein parmi les beignets, se distribuaient et se recevaient avec de bruyantes démonstrations et de grands éclats de rire; une ivresse générale s'était emparée d'ailleurs de tous les assistants : « Vive M. le prince d'Henrichemont ! » s'écriait-on de toutes parts. « Vive Mlle de Boischantel ! » dirent plus timidement quelques pauvres gens, ignorantes personnes pour lesquelles l'héroïne du jour était celle chez laquelle elles trouvaient à souper !...

La foule s'écoula en même temps que le feu de joie lançait son dernier jet de flammes. Les autorités civiles, militaires et religieuses, le marquis de Patanges, ainsi que les nobles étrangers, avaient été invités chez Mlle de Boischantel à prendre part à un grand repas qui fut suivi d'un bal ; quelques membres de la petite bourgeoisie se réunirent à l'hôtel des *Armes de Béthune*, situé dans la rue Marie, et y fêtèrent la naissance du prince pour chacun leur écot. En somme, ce premier jour des réjouissances ne laissa rien à désirer à la population, et chaque jour de la semaine qui suivit fut marqué par de nouveaux plaisirs, toujours accompagnés d'un feu de joie le soir. Les noms de ceux qui en firent les frais ne nous sont malheureusement point parvenus ; j'aurais aimé à les citer avec celui de Mlle de Boischantel chez laquelle les fêtes se terminèrent encore le douzième jour par un feu d'artifice. Les illuminations de la ville surpassèrent, dit-on, ce soir-là, tout ce qu'on avait vu jusqu'alors en ce genre dans la principauté; elles furent splendides, et les canons qu'on avait amenés d'Ivoy pour cette solennité ne cessèrent pas, tant que dura le jour et même une partie de la nuit, d'épouvanter, par leur éclatante détonation, les animaux sauvages, timide gibier des bois environnants.

Tout au contraire, les habitants de la ville et même ceux des campagnes voisines goûtaient d'autant plus de bonheur qu'il se faisait plus de bruit autour d'eux. Heureux peuple que celui de Bois-Belle, qui n'entendit le canon que comme un cri de joie, qui ne vit sortir de sa bouche brûlante qu'un peu de fumée ! Hélas ! la grande ivresse que chacun avait ressentie pendant ces brillants jours de fête ne devait pas avoir plus de durée que la légère vapeur qui précède le coup de mort ou le son d'allégresse lancé par le canon; car ces bruyantes clameurs, ces cris de joie, semblables au dernier chant du cygne, ne s'élevaient que sur les mourantes franchises de la principauté, et le berceau du nouveau seigneur en l'honneur duquel se brûlait tant de poudre renfermait le suaire dans lequel devaient s'ensevelir à jamais les priviléges de l'État.

CHAPITRE XXIX.

Dans les fêtes qui furent données à propos de la naissance du prince, le peuple, ainsi qu'il arrive quelquefois dans de plus grandes monarchies que celle de la principauté dont j'écris la simple et modeste histoire; le peuple, dis-je, la multitude s'était montrée d'autant plus enthousiaste, elle avait manifesté d'autant plus d'empressement pour accueillir comme un heureux présage la naissance de l'héritier présomptif du seigneur, qu'antérieurement elle était travaillée par une sourde agitation, sorte de crainte mêlée de tristes pressentiments sur l'avenir.... La guerre intestine qui s'était allumée et traduite en procès entre les membres de la famille de Béthune (1) d'Orval, sur la tombe du dernier duc de Sully de la branche aînée, avait soulevé et fait germer dans l'esprit public du pays des passions qui jusque-là étaient demeurées inconnues.

Avant l'époque de ce funeste procès de succession, les grandes questions politiques, qui deviennent souvent chez les hommes la source des plus mesquines pensées et servent de manteau aux plus petites ambitions, n'avaient jamais préoccupé personne dans la principauté de Bois-Belle ; non pas que, dans cet État, on fût resté indifférent ou étranger aux intérêts généraux du pays, mais

(1) Le premier duc de Sully avait un frère, le marquis de Béthune, qu'il ne faut pas confondre avec la branche d'Orval descendue directement de Sully et héritière de la duché-pairie. Le marquis de Béthune devint duc de Chârost presqu'en même temps que son frère était nommé duc de Sully ; il forma la branche des ducs de Béthune-Chârost dont le dernier rejeton, Armand de Béthune-Chârost, est mort propriétaire du château de Meillant, près Saint-Amand-Montrond. Ce château, bâti par Charles d'Amboise, est embelli de magnifiques sculptures dues au ciseau du dominicain Joconde. Le duc de Béthune-Chârost est mort sans postérité, mais les bonnes œuvres qu'il a accomplies pendant sa vie peuvent lui tenir lieu de lignée en perpétuant son souvenir par celui de ses bienfaits.

l'habitude qu'on avait d'en laisser la sauvegarde au prince souverain et aux magistrats; la loyauté et le désintéressement avec lesquels ceux-ci acceptaient leur mandat, empêchaient le peuple de rechercher des discussions sans but et qui auraient eu, d'ailleurs, pour résultat de rompre le calme dont chacun jouissait au milieu de l'accord parfait du gouvernement et des différentes classes des citoyens qui composaient la principauté. La chose publique n'avait donc jamais été le sujet d'aucune conversation dans la souveraineté de Bois-Belle : c'était un aliment inconnu jusqu'alors; la liberté, pour ainsi dire sans trône, sans autel, et surtout sans défenseurs, s'y nommait positivement la loi! Fille du prince et sœur du peuple, on ne la vit jamais descendre dans la rue ni se montrer trop publiquement; cependant on sentait partout sa présence : elle était l'âme du gouvernement; elle ressemblait au règlement d'une maison bien ordonnée dans laquelle le maître distribue si bien à chacun des membres de la communauté la besogne qui lui convient que personne n'est tenté d'intervertir le rôle qui lui est assigné.

Ce procès de succession eut le funeste résultat d'initier la multitude aux querelles de la famille de Sully et de diminuer, par cette circonstance, le respect collectif que cette famille inspirait; d'une autre part, il accoutuma le peuple de la souveraineté à prendre parti pour des causes dont les subtilités échappaient communément à son intelligence. Là, le peuple, en s'excitant dans des discussions au-dessus de sa portée, commença à se méprendre sur la nature du rôle qu'il jouait dans l'État; il se crut apte à savoir se gouverner seul et ne tint plus aucun compte au seigneur souverain de la protection gratuite qu'il recevait de lui de temps immémorial.

Autour de chacun des princes de Béthune, il se forma différents partis; chacun eut son candidat qu'il soutint et prôna, bien entendu, au détriment de son compétiteur dont les adhérents ne ménageaient pas plus son adversaire qu'ils n'étaient ménagés par les amis de ce dernier; de ce conflit d'intérêts et d'opinions opposés, il naquit au sein de la population entière l'envie, la discorde d'où découlèrent bientôt les haines sourdes, les jalousies sans frein, tout le monde n'étant pas aussi désintéressé que chacun affectait de le paraître dans les débats princiers : les uns voulaient ceci, les autres espéraient cela de la réussite de leur parti; une méfiance générale s'était établie dans toutes les relations même les plus intimes; on trouvait partout des espions; leur nuée, semblable à ces grosses mouches des chaleurs humides de l'été, dont le dard empesté corrompt tout ce qu'il pique, se répandit avec une telle profusion dans la ville d'Henrichemont que ce pays offrit bientôt l'affreux spectacle de ces ruches où les abeilles tuent les reines devenues trop nombreuses parmi elles.

Les habitants des châteaux voisins de la principauté avaient commencé à mettre à la mode les conversations dans lesquelles les questions politiques se traitaient presque exclusivement. La vieille marquise de Patanges, qui avait eu autrefois à se plaindre de la deuxième comtesse d'Orval, la belle Anne d'Harville, dont elle était la contemporaine, se moquait ouvertement des prétentions de son fils, Armand de Béthune, qui espérait, disait-elle, surmonter sa crosse d'abbé (1) d'une couronne ducale.

Le jeune duc Maximilien avait, tout au contraire, les suffrages des personnes qui fréquentaient la marquise; le salon de celle-ci était devenu le centre des intrigues, des médisances, des calomnies qui se débitaient chaque jour sur le comte d'Orval; du reste, quiconque n'arborait pas le drapeau d'un des compétiteurs à la souveraineté était traité en paria par tout le monde, ou tout au moins comme un être stupide.

.. Chez M. le bailli d'Henrichemont, on prenait hautement le parti de l'abbé de Sénanques; le nom de son petit-neveu y recevait ordinairement les ricochets des sarcasmes dont on accablait le comte d'Orval. Les gens prudents de la ville, les sages personnes, les cerveaux froids regrettaient amèrement l'inconséquence du bailli dans cette circonstance; on s'étonnait qu'il ne comprît pas que sa conduite à propos du procès des princes était un mauvais exemple donné à la population. Ce haut fonctionnaire ne se gênait pas pour dire hautement que, devant

(1) Armand de Béthune était abbé de Sénanques.

sa charge seulement à ses écus, il se trouvait, par conséquent, en pleine possession de sa liberté pour manifester son opinion ; que, d'ailleurs, l'orgueil de Maximilien, qui voulait ériger le domaine d'Henrichemont en royaume (1), méritait bien une leçon, ajoutant à ces paroles, déjà malséantes, qu'il était convaincu que son bien-aimé cousin de France ne tarderait pas à la lui donner sous peu (2)!...

Ce bailli, qui portait le simple nom de Thomas auquel il adjoignait, avec l'orgueil qu'il reprochait au duc Maximilien, le titre de sa terre de Boischantel, descendait d'un conseiller de Bourges à qui le feu duc

(1) Les débats du procès de la famille de Béthune roulèrent principalement sur le titre à donner au pays de Bois-Belle. Le duc Maximilien soutenait que cette terre était une souveraineté indépendante, et il prouva ce fait en sept articles ou sept chefs différents, qui démontrent que les possesseurs de cette principauté en ont joui de tout temps avec les prérogatives attachées au seul droit souverain. Le comte d'Orval essaya, au contraire, à démontrer que le seigneur de Bois-Belle ne tenait cette terre qu'à titre de franc-alleu noble relevant de la couronne de France ; il perdit son procès.

(2) Les rois de France traitaient les ducs de Sully de cousins.

Maximilien V avait vendu, en 1680, l'office de juge des chasses, de bailli et de maître des eaux et forêts de la souveraineté de Bois-Belle et Henrichemont.... De toutes les fautes, de tous les abus dont la vénalité des charges fut la source, il est bon de mettre en première ligne l'effet que la possession de ces charges ainsi acquises produisit sur le jugement de ceux qui en furent investis ; ils se crurent, pour la plupart, indépendants du pouvoir du prince, de la volonté duquel cependant ils les tenaient ; d'un autre côté, leur inamovibilité les empêchant de se préoccuper du soin de mériter l'estime publique, il arriva que quelquefois ils se mirent dans le cas de n'avoir plus aucun droit pour la revendiquer.

Thomas de Boischantel avait succédé à Henrichemont à trois générations de baillis ; donc, il regardait sa charge comme un patrimoine inaliénable ; il avait oublié complétement que, moyennant le remboursement du prix qu'elle avait coûté à ses ancêtres, le prince de Bois-Belle avait le droit d'en pourvoir un autre que lui, et que, d'ailleurs, le premier devoir auquel l'obligeait sa place était de savoir renfermer ses opinions politiques dans le cercle tracé par les intérêts généraux du pays, dont le principe souverain, attaqué par Armand de Béthune, était la meilleure sauvegarde; mais ce bailli, ingrat et vain comme tous ceux qu'une longue jouissance a persuadés que les honneurs et la fortune qu'ils tiennent plus ou moins de quelqu'un, et toujours de Dieu, sont un droit de naissance qui ne peut les fuir; ce bailli, dis-je, ne gardait aucune mesure envers le prince que, malgré tout, il avait reconnu comme son souverain. Cette contradiction entre les actions et les pensées du bailli de Bois-Belle n'étonnera qu'un petit nombre de personnes, celles, par exemple, qui s'inquiètent peu de se qui se passe ordinairement dans les rangs des hauts fonctionnaires d'un État; les autres savent d'avance que les ennemis d'un principe ou d'un pouvoir établi se trouvent principalement parmi ceux qui doivent à ce principe ou à ce pouvoir la fortune ou les honneurs dont ils sont en possession.

CHAPITRE XXX.

A Henrichemont, on ne s'inquiétait que
de ce qui se disait ou se faisait chez le marquis de Patanges ou bien chez M. le bailli ;
les ouvriers négligeaient leur besogne, les
flâneurs du jeu de paume y venaient chaque
jour régler l'État tout en faisant la partie,
et chacun compromettait ses intérêts, sa
conscience et son repos en ne voulant plus
s'occuper que des affaires publiques. Les
mémoires que le comte d'Orval et le duc de
Sully s'envoyaient réciproquement étaient
lus à haute voix non-seulement dans chaque
foyer bourgeois, mais encore dans les car-
refours, cabarets et autres lieux où se dé-
bitent à l'ordinaire les nouvelles. On les
commentait dans le salon aussi bien que dans
les cuisines, et, faut-il le dire ? ils n'étaient

souvent pas mieux compris dans un endroit que dans un autre, du moins par la généralité des personnes qui en écoutaient la lecture. Les hautes questions sociales soulevées dans ces écrits égarèrent le jugement que la population de Bois-Belle et Henrichemont avait primitivement conçu sur les devoirs réciproques qui liaient le peuple avec le prince souverain. Les franchises, les priviléges de l'État si hautement reconnus par les rois de France, cette liberté dont l'origine se perdait dans la nuit des siècles, ne semblèrent plus attachés principalement, comme autrefois, à la sage discipline qui réglait le gouvernement de l'État, à la soumission des habitants aux lois promulguées, au respect affectueux avec lequel ils avaient l'habitude de se conformer aux arrêts du seigneur. Il parut, tout au contraire, aux premiers que leur indépendance étant un droit naturel, elle n'avait rien à craindre ni rien à attendre du pouvoir souverain pas plus que du prince qui en était investi, et, sans positivement décliner l'honneur de sa protection, chacun agit absolument comme si la masse n'en avait plus ni souci ni besoin.

Les habitants de la principauté perdirent peu à peu, et s'en presque s'en douter, le sentiment d'affectueuse et respectueuse reconnaissance dont ils avaient jusque-là entouré le nom du prince et celui de sa famille. Il ne se passait pas de jour où la conduite des uns ou des autres ne fût mise sur la sellette par la multitude qui blâmait ou approuvait, selon le ressort qui la faisait mouvoir. On prit également l'habitude de juger assez sévèrement les choses du passé. C'est une erreur qui n'est pas de date récente que celle qui nous porte à croire que nous pouvons toujours apprécier avec justice la conduite de ceux qui nous ont précédés dans la vie. Certainement nous goûtons bien les fruits des bienfaits dont ils nous ont laissé le germe; nous voyons bien aussi par où ils ont péché, mais nous nous renseignons difficilement sur les causes qui les ont fait agir, et nous leur tenons rarement compte des difficultés qu'ils ont eu à vaincre et de la différence des époques dans lesquelles ils ont vécu. En lisant attentivement l'histoire, ne nous arrive-t-il pas d'ailleurs d'apercevoir les hommes, dans le tableau qu'elle nous présente de l'humanité, comme ces voyageurs des routes ferrées qui sont dans la nécessité d'accommoder leurs besoins du voyage avec la ligne sur laquelle roule la machine qui les conduit? La politique de toutes les époques n'est-elle pas la voie ferrée sous la main toute-puissante de Dieu, et le génie humain un instrument dont il se sert pour faire avancer ou reculer à son gré les lumières de ce monde? Du reste, la petite souveraineté de Bois-Belle, ce royaume en miniature étant posé dans l'intérieur de la France comme le nid du roitelet au milieu d'un buisson, devait tôt ou tard en sentir les épines; et c'était bien là ce que, à part soi, chacun appréhendait instinctivement; mais, ainsi qu'il arrive parfois dans l'esprit des populations qui sont travaillées intérieurement par l'idée fixe d'un malheur, l'entrain, le mouvement, l'espèce de joie commandée, occasionnée par les fêtes du baptême du prince d'Henrichemont, avaient produit dans l'esprit populaire une réaction qui ramena pour un temps le peuple au calme habituel dont il avait l'habitude de jouir dans cette principauté.

CHAPITRE XXXI.

Thomas de Boischantel était mort avant
l'issue du procès qui affermit la couronne
ducale sur la tête de Maximilien VI de Sully.
Il n'avait laissé qu'une fille encore enfant.
Cette enfant, selon le contrat passé par son
aïeul avec Maximilien V, devait hériter de la
charge de bailli qu'elle n'exercerait pas elle-
même, bien entendu, mais qu'elle devait faire
tenir par un délégué en attendant que, par
alliance, elle pût en investir un époux...
Voilà donc dans quelle impasse on se trouvait quelquefois quand les charges étaient
vendues en survivance dans une famille....
Le tuteur de Marie-Anne de Boischantel

ayant présenté au prince souverain d'Henrichemont un sieur Arnault pour remplir l'office de bailli pendant la vacance obligée de la minorité de Marie-Anne, celui-ci, soit rancune pour le défunt, soit par tout autre motif, n'accepta pas ce suppléant et nomma en sa place M. Saillant, chevalier de l'ordre de Saint-Jean de Latran, dont nous avons eu déjà à mentionner les noms et qualités dès le commencement de ce récit.

Telle était la situation des choses à Henrichemont que les dépenses extraordinaires qui furent faites à l'hôtel de Boischantel, à l'occasion de fêtes princières, ne parurent au public qu'une flatterie intéressée de la part du tuteur de Mlle de Boischantel afin de mieux disposer le souverain à recevoir comme bailli de la principauté l'époux que cette jeune fille devait choisir lorsque l'âge d'être mariée serait venu pour elle. Cet événement n'arriva que le 12 janvier 1756. Mlle Marie-Anne accorda à cette époque sa main à Pierre de Jassaud ; et tout d'abord ce choix fut approuvé par le prince. Ce jeune homme était issu d'une ancienne famille de robe du parlement de Paris ; il avait lui-même prêté son serment d'avocat et se croyait à tous égards en état d'exercer les charges appartenant à sa femme ; mais la rancune du souverain d'Henrichemont était loin d'être assoupie, et la jactance du nouveau marié, au lieu de l'éteindre, devait lui fournir un nouvel aliment.

Pierre de Jassaud avait toutes les allures d'un petit-maître ; il portait avec insolence une perruque écourtée, un habit couleur tabac d'Espagne dont les larges pans flottaient jusque sur les boucles d'or de ses jarretières ; car ce monsieur avait, bien entendu, la culotte courte, les bas de soie et les talons hauts. Il avait pensé que, pour devenir bailli de la principauté de Bois-Belle et Henrichemont, il était inutile de s'enquérir de la bonne volonté de MM. les officiers de la chambre souveraine de cette dernière ville devant lesquels cependant il devait être reçu en cette qualité. Il se hâta donc seulement de presser l'expédition de ses provisions, après une simple démarche qu'il fit près du duc de Sully pour être investi de la charge de son beau-père. Maximilien VII ne lui fit aucune réponse.... M. de Jassaud, outré de cet affront, ne craignit point d'exhaler son mécontentement devant qui voulait se donner la peine de l'écouter dans son salon ainsi qu'au jeu de paume, promenade qui était alors le boulevard de Gand d'Henrichemont. Il se servait des termes les plus inconvenants pour qualifier la conduite du prince à son égard. Les mouches n'étaient point toutes mortes à Henrichemont. Le prince ne tarda donc point à être informé de tout ce qui se disait et se faisait à propos du bailliage; il apprit aussi par la même voie délatrice que M. de Jassaud, cet aspirant à la judicature, n'avait point d'autre qualité que celle de ci-devant officier du roi; il différa de mieux en mieux sa nomination. Ce fut alors que les mauvais propos de Thomas de Boischantel, sur les droits souverains des princes de Béthune, portèrent leurs tristes fruits.... M. de Jassaud, qui vivait familièrement avec l'ancienne société de son beau-père, adopta facilement les idées que le défunt bailli avait, pour ainsi dire, incorporées parmi les personnes de son entourage. M. de Jassaud, vaniteux comme l'inexpérience qui néglige la science du passé, s'autorisa des pièces dans lesquelles la souveraineté de Bois-Belle avait été mise en doute pour nier à son tour le pouvoir de son seigneur qu'il résolut de traiter de pair à pair. Il assigna donc le duc de Sully au Châtelet de Paris ! Une pareille audace n'avait point eu de précédents, mais elle devait avoir, hélas ! beaucoup d'imitateurs.... L'assignation de M. de Jassaud marque la principauté d'un de ces signes de décadence sur lesquels les esprits sérieux se trompent rarement. Il fut regardé par ceux-là comme le pronostic certain qu'une phase nouvelle se préparait dans le gouvernement de l'État. Ils ne se trompaient point ; et, à partir de cette époque, la principauté semble marcher dans le cercle d'une fatalité constante.

CHAPITRE XXXII.

La défense du duc de Sully contre les attaques de M. de Jassaud fut juste comme sa cause. « Si le prince d'Henrichemont, dit le mémoire que j'ai sous les yeux et qui fut publié à cette époque (1), si le prince, dis-je, s'est déterminé à rendre sa défense publique, ce n'est pas qu'il regarde les sieur et dame de Jassaud comme des adversaires avec lesquels il doive entrer en discussion. Ils sont ses sujets, il est leur souverain. Leur

(1) Les pièces du procès de Jassaud ont été imprimées à Paris chez la veuve Lottin, rue Saint-Jacques, à l'enseigne de *la Vérité*. Ces pièces sont entre les mains de M. Barrière, juge de paix à Henrichemont.

entreprise en France et dans une des juridictions françaises, en autorisant le prince d'Henrichemont à s'adresser au tribunal que le roi a chargé d'acquitter, en pareil cas, la dette de protection que Sa Majesté a bien voulu contracter en faveur de la souveraineté d'Henrichemont, n'a pu ni dû lui faire oublier que le souverain ne plaide point en personne contre son sujet ; la matière du délibéré est seulement de savoir si les sieur et dame de Jassaud sont en droit d'obliger le prince d'Henrichemont, leur souverain, de défendre, dans un tribunal de France, la demande qu'ils ont formée contre lui.... »

Il va sans dire que le prince gagna son procès. Il faut ajouter aussi que le journal de M. Teillay mentionne expressément que la population entière exprima la satisfaction qu'elle éprouvait de ce résultat par des cris, des danses et force illuminations. Si l'on ne chanta pas un *Te Deum* ; si l'on n'alla pas processionnellement à l'église, les magistrats en robes de palais et les ecclésiastiques en chapes pour y rendre grâces à Dieu de cet événement, ainsi qu'on l'avait fait à l'époque où le duc

Maximilien gagna son procès contre le comte d'Orval, c'est qu'on pensa assez judicieusement que de telles démonstrations donneraient trop d'importance aux adversaires du prince souverain. Malgré tout, celui-ci n'était plus le paisible administrateur d'une commune éclairée et soumise aux lois du peuple. Quelques habitants du fief Pot avaient refusé de reconnaître le pouvoir de la juridiction de la cour souveraine (1) d'Henrichemont. Un arrêt du conseil d'État français les renvoya devant cette cour ; et quoique cet acte fasse ressortir, d'une manière éclatante, l'indépendance du pays, il prouve aussi que le germe de la discorde avait fait d'effrayants progrès dans son sein. On se ralliait cependant encore quelquefois comme aux beaux jours du règne de l'harmonie, mais ce n'était plus que lorsqu'il s'agissait de parader dans les rues ou de montrer son importance dans un cortége officiel. Ainsi, le jeune prince d'Henrichemont ayant été atteint de la petite vérole, maladie qui venait d'enlever au monde son oncle, Gaucher de Châtillon, il y

(1) Voir, aux Pièces justificatives, un arrêt de 1757.

eut. à cette occasion des prières publiques ordonnées dans la capitale du pays auxquelles assistèrent certainement tout le monde ; il en fut de même de la fête qui se donna pour célébrer son heureux rétablissement. Néanmoins, l'esprit populaire semble, en d'autres circonstances, être atteint de vertige ; le peuple, mal éclairé sur les actes politiques qui l'ont jusque-là maintenu en liberté, sape son propre bonheur en s'écartant du principe qui en est la base.

Le mardi 14 avril 1761, Armand-Antoine-Maximilien VII, duc de Sully, rendit son âme à Dieu. Il avait, l'année précédente, maintenu dans les fonctions de bailli M. Saillant qui avait fait l'intérim de cette charge pendant la minorité de Mlle de Boischantel. La conduite que M. de Jassaud avait tenue avec ce prince l'avait affecté profondément ; elle avait étrangement froissé l'orgueil de la duchesse de Sully, née de Châtillon, ainsi que le prouve une ode qui lui fut adressée en l'année 1767. Aussi, la duchesse de Sully éleva-t-elle son fils unique, alors âgé de onze ans, dans un dégoût profond de la souveraineté de Bois-

Belle dont il était devenu bien jeune le seigneur. Ce jeune prince ne voulut la visiter
qu'une seule fois, et encore incognito. Maximilien VII avait été pourtant unanimement regretté parmi toutes les classes qui
composaient l'État; mais l'expression de ces
regrets réels n'eut aucune influence sur
l'esprit prévenu du prince, qui ne voulut
jamais consentir à prendre part à aucune
cérémonie publique dans sa principauté. On
y baptisa trois cloches sans son concours.
Le notaire Teillay ne trouva point d'expression assez lamentable pour exprimer cette
abstention du prince : « Les cloches, dit-il
après quelques tristes phrases sur les craintes
qu'il concevait pour l'avenir du pays, les
cloches furent nommées par de simples
bourgeois; le temps n'est plus où les princes
et princesses d'Henrichemont n'auroient cédé
cet honneur à personne. Hélas ! ajoute-t-il,
on peut bien dire que la souveraineté va
comme l'habit du duc de Roquelaure (1) ! »
Mais, certes, ce vêtement ne pouvait pas aller

(1) Je n'ai pas changé un seul mot au texte du manuscrit dans lequel ce détail est puisé.

plus mal que les affaires de l'État; car deux
années plus tard, en 1770, on apprenait,
avec stupéfaction, dans toute la principauté,
qu'elle venait d'être cédée à la France par le
duc de Sully. Ce dernier était un jeune homme
un peu imbu d'égoïsme. Il trancha d'un seul
coup la difficulté que chacun semblait vouloir apporter à l'exercice de son droit souverain; il laissa le peuple ingrat réduit à ses
propres forces !...

CHAPITRE XXXIII.

On ne comprit pas tout d'abord à Henrichemont l'étendue du malheur qui venait
d'atteindre le pays ; on ne voulut voir dans
la vente de la principauté qu'un changement
de seigneur, une nouvelle dynastie plus noble
que les précédentes.... Malgré tout, les
magistrats, plus clairvoyants que le peuple,
ayant manifesté leur opinion sur cette vente
et l'ayant traitée comme un sujet d'alarme,
leurs craintes se répandirent dans la ville, et
bientôt chacun se demanda avec angoisse ce
qu'il allait advenir des franchises du pays
sous le nouveau règne. C'était là une grande
question !

L'instant était si solennel, la position si précaire et le dénouement si grave que tous les habitants de la souveraineté furent, par cette circonstance, ramenés pour un instant à cet esprit de fraternité et de concorde qui avait fait si longtemps la félicité de tous. Combien les habitants de la principauté regrettèrent, hélas ! durant ces tristes jours d'attente, d'inquiétudes, d'incertitude sur le sort commun à venir, la légèreté avec laquelle ils avaient quelquefois parlé des seigneurs d'autrefois, de ces seigneurs dont le dernier rejeton venait de résigner ses droits souverains entre des mains plus puissantes que les siennes et peut-être aussi plus rudes que n'avaient été celles de ses ancêtres ! Cependant, on délibéra sur un parti à prendre et l'on convint d'adresser au roi une pétition dans laquelle seraient exposés tous les droits que la principauté possédait pour conserver le maintien des franchises dont l'État jouissait depuis si longtemps. Cet écrit (1), dicté

(1) L'original de ce mémoire, daté de 1770 et signé Bellormeau, est entre les mains de M. Barrière, juge de paix à Henrichemont.

avec la conviction profonde de la justice de la cause pour laquelle il plaide, respire tout à la fois la soumission, la dignité et la douleur d'un vaincu qui, se voyant en face de la chaîne qu'il doit subir, trouve dans l'effroi que cette vue lui cause les arguments, l'éloquence, la retenue et aussi l'adresse nécessaires qui peuvent lui en éviter le poids. « Sa Majesté, dit un passage de ce mémoire, n'a pu acquérir, en achetant Bois-Belle, que ce que pouvoit lui céder l'ancien souverain de cette principauté, c'est-à-dire une terre franche, un peuple libre et exempt de toute imposition... » et plus loin il ajoute : « Le prince d'Henrichemont n'a pu présenter ses droits que sous cet aspect; s'il lui a donné plus de faveur, il ne les connaît pas, et a fait illusion au ministre : cette erreur est corrigible. Tout un peuple ne doit pas en être la victime. »

Il continue encore de cette sorte : « Ne seroit-ce point blasphêmer contre la souveraine équité de nos rois, d'oser dire qu'étant absolus ils peuvent tout ce qu'ils veulent, que leur volonté suffit pour tout abroger, tout annuler ? Une telle puissance n'en est point une; elle n'en est que l'abus !... »

L'auteur du mémoire entre en outre dans tous les détails de l'origine et de l'application des priviléges de Bois-Belle, des lettres patentes qui lui furent accordées tant par les princes français que par ses propres souverains. Tous ces divers faits ayant été déjà mentionnés dans le courant de cette histoire, je m'abstiens de les citer de nouveau ; ils n'apprendraient rien de plus au lecteur et ne le convaincraient pas plus peut-être qu'ils n'ont convaincu le roi Louis XV, car il n'y a de pire sourd que celui qui ne veut pas entendre. La principauté de Bois-Belle en devenant française devait subir la loi commune à toute la France. Donc, le 1er janvier de l'année 1771, pour la première fois, dit André Teillay, on publia à Henrichemont, à la sortie de la grande messe, que les garçons de cette paroisse eussent à s'assembler le dimanche suivant à l'hôtel de ville afin qu'on en pût opérer le dénombrement : le service de la milice venait d'être établi.... Deux années plus tard, en 1773, on reçut dans le pays la triste nouvelle que, par un édit du roi Louis XV, les priviléges de la principauté d'Henrichemont et de Bois-Belle étaient supprimés; qu'à partir de la date de cet édit, les droits d'aides et de gabelle y seraient perçus, et le sel vendu comme dans les autres greniers.... Le directeur des gabelles de Bourges, escorté de quatre gabelous, avait précédé cette publication afin de la faire exécuter sur-le-champ....

Le courage me manque vraiment pour vous dépeindre le chagrin, la consternation, le désespoir même qui régnèrent dans la principauté après la promulgation de ce funeste édit qui anéantissait d'un seul coup des priviléges à la jouissance desquels les habitants du pays soumis étaient tellement accoutumés qu'il leur sembla qu'en les perdant la vie désormais leur devenait impossible.... Cependant, lorsque, après l'avénement au trône du roi Louis XVI, on apprit à Henrichemont que la principauté de ce nom venait d'entrer dans les apanages du comte d'Artois, les esprits se ranimèrent, le courage revint à la population, on espéra recouvrer les anciennes franchises en passant sous l'autorité d'un prince dont l'affabilité était proverbiale. Mais, lorsqu'il fallut encore renoncer à cette dernière illusion, une colère farouche et concentrée s'empara de tous les esprits; l'irritation contre le prince devint, pour ainsi dire, générale; les habitants de la principauté n'ayant point d'autres armes pour se défendre que la chicane, ils en usèrent, pour ainsi dire, en aveugles et l'on ne compta pas moins de cent actions intentées, à cette époque, contre le comte d'Artois ou ses chargés d'affaire. Certes, parmi ce nombre énorme de procès, il en est quelques-uns de justes, si toutefois il est juste ou du moins sage de s'exposer à un combat inégal et sans autre issue que la défaite.

La plus fameuse de toutes ces procédures fut celle qu'entamèrent soixante habitants de Bois-Belle et Henrichemont aux ancêtres desquels le premier duc de Sully avait jadis abandonné, moyennant une légère redevance, les terres de son domaine particulier dont il avait abattu les futaies pour aider aux premières constructions d'Henrichemont. Les habitants furent soutenus dans leurs prétentions par un sieur Pierre Panarion, procureur du roi au grenier à sel, et dont le grand-père avait été fermier du domaine royal à l'époque du procès de succession de la famille de Béthune. Ce sieur Panarion, qui adjoignait le titre de juge au bailliage de la principauté à celui de fermier du prince, avait été un de ceux qui avaient pris avec ardeur le parti de Pierre Maximilien ; la mère de celui-ci, Catherine d'Orléans Rothelin, avait récompensé la fidélité qu'il avait montrée pour la cause de son fils par des témoignages d'estime qu'on pourrait dire affectueux. Ces circonstances, ajoutées aux fonctions du procureur du roi du grenier à sel à Henrichemont, en 1784, fournissaient à Pierre Panarion les moyens d'être renseigné exactement sur le bon droit de ses concitoyens ; il prit donc d'autant plus l'initiative dans le procès qu'ils intentèrent au prince qu'il possédait dans les papiers de son père et dans ses propres souvenirs les preuves de leur bonne foi.

La redevance exigée par le grand Sully pour l'abandon de ses terres s'était, il est vrai, considérablement augmentée, sous ses successeurs, toujours un peu plus avides à mesure qu'ils se succédaient. Mais les exigences des intendants du comte d'Artois dépassèrent les bornes de la justice. Leurs réclamations devinrent si exorbitantes et si vexatoires que ceux auxquels elles furent faites n'hésitèrent pas à en appeler à la justice royale.

L'attaque des habitants de la ville et principauté de Bois-Belle contre S. A. R. Mgr le comte d'Artois commence d'une façon assez originale pour être citée ; elle est d'ailleurs écrite avec le même genre d'esprit qui distingue encore les habitants d'Henrichemont, ville où rien ne s'y passe comme partout ailleurs et dont les façons d'agir des citadines ne ressemblent absolument à celles de personne.

« Un homme turbulent, processif et ambitieux, s'écrie l'auteur de la défense en commençant son plaidoyer, s'est imaginé de persuader au conseil de Mgr le comte d'Artois qu'il falloit renverser l'ordre arithmétique (1); on a prétendu, en conséquence, qu'un boisseau devoit en faire deux, quoique ce système inouï eût été proscrit par une sentence du bureau de Bourges qui a jugé

---

(1) Les pièces de ce procès sont entre les mains de M. Barrière, juge de paix à Henrichemont.

(avec bon sens) qu'un boisseau ne devoit jamais faire qu'un boisseau. »

On devine par cette citation que les fermiers et intendants du prince s'y étaient pris d'une manière toute simple pour doubler la valeur des redevances exigées par le duc de Sully pour l'abandon de ses terrains, sans pour cela attaquer ou altérer le contrat qui en réglait le nombre ; ils avaient tout bonnement changé la capacité des mesures.

C'était sur ce changement inouï, arbitraire et odieux que les habitants d'Henrichemont attaquèrent le comte d'Artois ; mais, en dépit de la justice de leur cause, ils perdirent leur procès, et, après eux, tous ceux qui s'avisèrent de plaider. L'arrêt même qui les condamne leur impose en même temps l'obligation de rayer de leur défense écrite les termes injurieux dont ils s'étaient servis contre le fermier général qui les avait contraints à se servir de la double mesure. La date de 1784, qui clôt les débats de cette affaire assez considérable pour les plaideurs, explique un peu l'irritation et les extravagances auxquelles se livra la population lorsque éclata la révolution de 89. En brûlant l'innocent baudet qu'on avait chargé des papiers publics, le peuble, en cette circonstance, montre, une fois de plus, à quels actes ses passions l'entraînent lorsqu'il rejette le frein des lois religieuses et civiles, et qu'il n'écoute même plus le cri de sa conscience. Bon nombre de ceux des habitants d'Henrichemont qui mirent le plus de zèle à dresser l'autodafé expiatoire des paperasses de l'hôtel-de-ville crurent venger la liberté et détruire à jamais les témoignages de l'asservissement, tandis que, tout au contraire, ils ne brûlèrent que les preuves glorieuses des antiques franchises de l'État. Funeste aveuglement, triste erreur dus à l'ignorance orgueilleuse qui conduit trop souvent l'esprit populaire et lui fait quelquefois tourner contre lui-même l'arme destinée à le défendre !

Cependant, en ce temps-là, c'est-à-dire à l'époque du procès des mesures, un peu avant 1789, tout le monde ne plaidait pas contre Mgr le comte d'Artois ; beaucoup de gens, au contraire, acclamaient avec enthousiasme la domination qu'il exerçait dans le pays ; de ce nombre étaient surtout ceux qui possédaient, dans le voisinage de la capitale du pays, une de ces sortes de maisons pourvues d'un pigeonnier fait en forme de tour ronde ou carrée, et qui, par cette seule raison, se croyaient annoblis ; or, à l'exception du fief Pot, dont le propriétaire possédait l'exercice de haute, moyenne et basse justice dans sa terre, les quarante-deux autres fiefs contenus dans le ressort de la cour de Bois-Belle et Henrichemont ne donnaient aucun droit de noblesse à leurs seigneurs ; et j'imagine que, si les portes cochères des principales habitations de ces fiefs se surmontaient d'un écusson, il devait être sans armoiries. Toutefois, le propriétaire du domaine de Pont-Abbey prit la girouette de son toit tellement au sérieux qu'il résolut, vu l'espèce de donjon qui dominait sa terre, d'aller rendre pour icelle foi et hommage au nouveau seigneur de la principauté. La tradition rapporte qu'il se vêtit, pour cette mémorable circonstance, d'un habit de satin rose dont la culotte, de même étoffe et de même nuance, était recouverte d'un tricot de Berlin, d'autres disent d'une sorte de dentelle fort à la mode au xviiie siècle et dont les mailles carrées, aussi fines que du tulle, sont faites à la navette et se nomment points de Toulouse. Toutes les belles dames de ce temps-là étaient habiles à la confection de cette dentelle qui faisait partie de leur travail quotidien ; elle est connue de nos jours sous le nom de *filet*.

Il y a encore à Henrichemont quelques personnes qui ont connu M. de Pardieu, le propriétaire de Pont-Abbey. On me citait même une dame morte depuis peu et chez laquelle il avait été passer la soirée avec le même costume qu'il avait mis pour aller rendre hommage au comte d'Artois. M. de Pardieu, qui, dit-on, dansait admirablement la gavotte, qui exécutait les courantes comme Vestris, couchait dans une sorte de boîte qu'on abaissait chaque soir et qui s'enfonçait dans le mur comme un placard pendant le jour. Parmi les manies excentriques qui formaient le trait distinctif de son caractère, il avait celle de jouer au sorcier (1) ; il ne se passait guère de semaine sans qu'il ne par-

(1) Je ne cite rien sur le compte de M. de Pardieu que je ne puisse prouver. On peut voir, chez M. Perrusseau, médecin à Henrichemont, qui occupe l'ancienne maison de M. de Pardieu, le placard où il couchait, la peau dont il s'affublait et une des cornes avec lesquelles il

vînt à effrayer quelqu'un de la ville, avec de grandes cornes adaptées à une peau de bouc dont il s'affublait afin de faire peur aux gens. Il choisissait surtout, pour atteindre ce but, les jours d'hiver dont les soirées sont sans lune ; s'il savait quelque pauvre peureux attardé dans les champs à l'heure du crépuscule, il se postait sur son passage, de façon que l'ombre de ses grandes cornes pût frapper ses regards, et, selon que la personne qu'il attaquait était plus ou moins effrayée, il continuait ou cessait son jeu, ces farces diaboliques étant la plus grande satisfaction qu'il pût concevoir en ce monde.

On rapporte que, dans le courant d'une saison rigoureuse, étant à cheval et revenant de Sancerre, M. de Pardieu traversait Chavignol. Ce petit village est situé au fond d'une gorge assez étroite, formée par des collines dont les sommets, plantés de vignes, étaient ceinturés, dans les bas-fonds, par une grande quantité de noyers, de haies touffues,

effrayait les passants. Il paria un jour qu'il écorcherait les quatre jambes de son cheval et qu'il monterait ensuite dessus pour aller à Sancerre, ce qu'il exécuta. Le cheval ne mourut qu'après avoir gagné le pari.

garnies d'arbres de toute sorte. Lorsqu'en hiver le grésil ou les neiges blanchissaient ces arbres dont les branches dépouillées s'entrelacent au-dessus des cheminées, il semblait, au voyageur obligé de s'aventurer sous ces voûtes frimassées, qu'il allait franchir un de ces antres mystérieux, peuplés de gnomes, de nains féroces ou de fées malicieuses.

M. de Pardieu, engagé par une soirée froide, humide et sombre, dans un de ces sentiers cristallins, pensait, en écoutant l'écho répéter d'un ton lugubre le pas de son cheval, qu'il perdait ce soir-là une belle occasion de montrer ses cornes aux gens de Chavignol.... Déjà la nuit, en se mêlant aux vapeurs de l'atmosphère, commençait à confondre, sous son même manteau gris, les objets environnants ; l'énorme croix de bois peint qui s'élève encore aujourd'hui sur la place du village de Chavignol lui montrait ses deux grands bras chargés de neige, et le mince croissant de la lune, en jetant son regard mort sur la campagne déserte, paraissait ne vouloir éclairer qu'une scène fantastique....

Je vous l'ai déjà dit, je crois, la saison était très-rigoureuse : le froid durait depuis longtemps, les grains étaient fort cher et, par suite, le peuple se trouvait malheureux ; beaucoup de journaliers étaient sans ouvrage, bon nombre de familles étaient affamées ; parmi ces dernières, quelques pauvres mères, poussées à la mendicité par la détresse de leurs enfants, sortirent de leurs maisons en entendant le bruit des pas d'un cavalier sur la route ; elles ne tardèrent pas à entourer M. de Pardieu en lui demandant l'aumône.

Si le sire de Pont-Abbey avait l'esprit narquois, il avait du moins le cœur bon. Son obligeance naturelle lui fit de suite porter la main à son gousset qu'il avait assez bien garni ; il le vida et en distribua le contenu sans faire aucune réserve.... Cette libéralité émerveilla si fort les pauvres femmes auxquelles il faisait la charité qu'elles lui demandèrent unanimement à qui elles devaient un aussi grand secours, ajoutant qu'elles désiraient pouvoir mêler le nom de leur bienfaiteur aux actions de grâces qu'elles offriraient à Dieu, afin de le remercier d'une si bonne aubaine.

M. de Pardieu, que la misère des villageoises avait touché pour un moment, ne put pas résister à l'amorce que leur demande tendait à sa malignité naturelle. Il prit donc subitement la physionomie diabolique dont il avait si souvent étudié les effets ; il se dressa droit sur ses étriers, donna à sa voix le plus de volume possible et s'écria, en se retournant vers le groupe qui l'entourait : « Par le roi des sorciers, remerciez le diable !… » puis il piqua des deux, lança son cheval au galop sans regarder ses tristes obligées qui rejetaient piteusement l'aumône que l'instant d'avant elles avaient reçue avec tant de bonheur….

On ferait un volume entier sur les excentricités de M. de Pardieu, si on voulait les raconter toutes, et les pages de celui-ci se tripleraient aisément si on y ajoutait les faits et gestes des personnages beaucoup plus modernes qui ont vu le jour ou qui vivent encore à Henrichemont. Cette narration est en dehors de mon sujet; c'est à peine si le nom de M. de Pardieu avait le droit de figurer dans l'histoire du royaume de Bois-Belle, lequel a trépassé le 13 mai 1770…. Bien des jours déjà se sont écoulés depuis ce temps ; les époques se sont renouvelées ; il en a été de même des hommes qui ont été les témoins de sa chute !...

La génération présente d'Henrichemont, française de cœur et d'habitude, ne regrette rien des choses d'autrefois. Personne ne songe à reconstituer le royaume de Bois-Belle. Cette souveraineté est morte et bien morte ; il ne reste plus qu'à chanter son *de profundis*... mais il manque pour cela une chose essentielle, c'est une église ! Celle que le grand Rosny a eu le projet de faire bâtir à Henrichemont n'a même jamais été commencée à construire ; la population a dû de tout temps se contenter, pour les cérémonies du culte, d'un vieux bâtiment approprié tant bien que mal à cet usage. Ce bâtiment a été abattu ou plutôt il s'est laissé choir, il y a de cela deux ans ; depuis cette époque, les offices divins se célèbrent dans une petite chapelle insuffisante pour le quart des fidèles qui s'y rassemblent à diverses heures ; car les protestants qui s'étaient établis à Henrichemont se sont convertis depuis si longtemps que l'on a oublié la date exacte du retour de ces enfants prodigues au giron de leur mère....

La population est donc toute catholique et tout à fait sans abri pour l'exercice de sa religion.

M. le curé de cette paroisse en épreuve, le conseil municipal, M. le maire d'Henrichemont ont fait jusqu'ici tous leurs efforts pour arriver à construire un lieu convenable à la célébration des saints mystères. L'œuvre est commencée, mais elle ne peut s'achever si l'on ne vient à leur secours. Achetez donc ce livre fait à cette intention, et si, après l'avoir lu, son mérite ne vous paraît valoir l'argent qu'il vous aura coûté, consolez-vous-en avec la pensée de la bonne action à laquelle vous aurez coopéré par cet achat.

Aymé CÉCYL.

1er Mars 1863.

GÉNÉALOGIE

DE LA FAMILLE DE SEULY.

1re MAISON.

HERCENAUD DE SEULY vivait au IXe siècle.

HERBERT II ARCHAMBAULT. { Archevêque de Tours, 1004.

A HÉBERT II succèdent {
Enfants Herbert II.
Hercenaud II.
Humbard.
Ermengarde, femme d'Archambault de Bourbon.

HERCENAUD II DE SEULY, DE LA CHAPELLE ET DES AIX.

Époux d'AGNÈS qui lui survécut et mourut avant l'an 1064. {
Enfants d'Hercenaud II.
Humbard, sans postérité.
Gilon.
Eudes.
Geoffroy.
Hodreine.
Hiranie.

GILON DE SEULY, DE LA CHAPELLE, DES AIX, vicomte DE BOURGES.

(Une charte de 1064.)

Il rendit l'église de Crézancy au roi Philippe Ier, en 1085; il épousa Eldeburge, sœur d'Étienne, vicomte de Bourges; il vivait en 1097.

Enfants de GILON. { Mahaut de Seuly. Agnès de Seuly.

MAHAUT, femme d'Eudes ARPIN, n'eut point d'enfants.
AGNÈS, sa sœur, devint la souche de la deuxième famille de Seuly.

2ᵉ MAISON.

AGNÈS DE SEULY, épouse de Guillaume **DE CHAMPAGNE**. Agnès fut élevée à la cour d'Alix d'Angleterre, femme d'Étienne Henry, comte de Blois, de Chartres et de Meaux. Guillaume, fils aîné du comte, l'épousa et fut déshérité par ce fait. Il prit le nom et les armes de sa femme. Il assista, en 1104, à la dédicace de l'abbaye de Saint-Satur ; fonda Prunesac, 1103.

Enfants.
- Eudes Archambaud.
- Rathenies.
- Marie de Seuly.
- Élisabeth, Abbesse de Cluny.
- Henry, abbé de Fécamp, 1120.
- Raoul, abbé de Cluny.

EUDES DE SEULY, DE LA CHAPELLE ET DES AIX-DAM-GILON transigea l'an 1190 avec les seigneurs demeurant en la terre de Seuly, épousa Mahaut de Beaugency, fille de la petite-fille de Henri Iᵉʳ, roi de France ; il céda, avec l'archevêché de Saint-Ursin, à Gilon, son fils, tous les droits qu'il pouvait avoir sur les dîmes d'Humbligny.

CHAPITRE XXXII.

Enfants.
- Gilon de Seuly.
- Henry de Seuly, archevêque de Bourges.
- Eudes de Seuly, 1215.
- Adeline de Sculy, épouse de Raoul, prince de Déols.
- Agnès de Seuly, Renaud de Montfaucon.
- Mahaut de Seuly.

GILON DE SEULY épouse Luce **DE CHARENTON**.

Enfants.
- Archambault.
- Simon, Archevêque.
- Philippe Charles.
- Eudes, seigneur de Beaugency.
- Bernard de Seuly, évêque d'Aix, mort en 1247.

ARCHAMBAULT II, 1177, 1184, 1212 ; il affranchit les hommes de la Chapelle, 1234.

Marié trois fois, Alix Marguerite avec laquelle il fonde la succursale de Jars le troisième.

Enfants.	Henry. Guillaume. Jean de Guy, archevêque de Bourges, 1271.

———

GÉNÉALOGIE

DES SOUVERAINS DE BOIS-BELLE.

HENRI Iᵉʳ DE SEULY, 1217, épousa, en 1219, Marie de Vierzon, veuve de Hervé II de Vierzon, fille de Guy de Dampierre et de Mahaut de Bourbon, et sœur d'Archambault VIII.

Il se maria en secondes noces à Lénor de Saint-Valery, fille du sieur de Gamaches et d'Alix de Ponthieu, veuve de Robert III, comte de Dreux, prince du sang royal.

Sa seconde femme mourut en 1250.

DE MARIE DE DAMPIERRE.	Enfant : Henri de Seuly.

HENRI II, seigneur de la Chapelle, des Aix-Dam-Gilon, d'Argent, Clémont, Villezon, Bois-Belle, Orval, Epineuil.

Henri II contracta mariage avec Perronelle de Courtenay, veuve de Pierre de Courtenay, sieur de Conches, et accepta la tutelle d'Amicie.

Il mourut en Italie, au service de Charles Iᵉʳ, roi de France, roi de Sicile en 1269.

Sa femme mourut en 1282.

Enfants de Perronelle de Joigny et d'Henri II de Seuly.	Jean, sans postérité. Henri III de Seuly. Jeanne de Seuly, épouse d'Adam IV, vicomte de Melun.

Le premier duc de Sully descendait, par les femmes, de Jeanne de Seuly.

Henri III de Seuly, seigneur de la Chapelle, Argent, Clémont, Villezon, Bois-Belle, Orval, Montrond, Epineuil, grand bouteiller de France l'an 1282, épousa Marguerite de Bomes, dame de Châteaumeillant, veuve de Louis de Beaujeu.

Il mourut en 1285, en Aragon.

Sa veuve mourut en 1323.

Enfants.
{ Henri IV de Seuly.
Perronelle de Seuly, mariée en 1296 à Geoffroy de Lusignan; elle se remaria avec le comte de Dreux.

Henri IV de Seuly, aux autres titres susnommés à Henri III, ajouter ceux de comte, capitaine de la ville de Bourges en 1300. Philippe le Bon le qualifie de cousin, ambassadeur vers le pape en 1318, exécuteur testamentaire du roi en 1321, gouverneur de Navarre en 1329.

Il avait épousé Jeanne de Vendôme.

Enfants.
{ Philippe.
Mahaut.
Marie.
Marguerite.
Agnès.
Jeanne.
Aléonor.

Jeanne et Isabelle, religieuses à Longchamps en 1334.

Jean de Seuly, seigneur des Aix, la Chapelle, etc., accordé en bas âge avec Marguerite de Bourbon.

Enfants.
{ Louis.
Henriette.
Béatrix.

Louis de Seuly, sire de la Chapelle des Aix-Dam-Gilon, Clémont, Bois-Belle, Orval, Craon en 1361. Fit son testament au château de Seuly en 1381.

Il avait épousé Isabeau de Craon, fille de Maurice IV.

Marie, héritière unique.

Marie de Seuly, accordée en 1387 à Charles de Berry; elle épousa Guy de La Trémouille, surnommé le Vaillant porte-oriflamme de France.

En secondes noces, elle épousa, en 1401, Charles d'Albret, connétable de France.

ENFANTS DE GUY DE LA TRÉMOUILLE ET DE MARIE
DE SEULY.

Georges de La Trémouille.

De **CHARLES D'ALBRET** et de **MARIE DE SEULY.** } Jean.
Guillaume.
Charles II d'Albret.

CHARLES III d'ALBRET, épousa Anne d'Armagnac, 1418. } Enfant : Arnaud-Amanien II.

ARNAUD-AMANIEN D'ALBRET épousa Isabeau de La Tour, comtesse de Boulogne et d'Auvergne.

Enfants : deux fils, deux filles. } Jean d'Albret, sire d'Orval.
Marie d'Albret, première femme de Charles de Bourgogne, comte d'Eu.

JEAN D'ALBRET, sire d'Orval, épousa Charlotte de Bourgogne, fille de Jean, comte de Nevers, et de Paule de Bretagne.

De ce mariage, **MARIE D'ALBRET** II qui épousa Charles de Clèves.

FRANÇOIS D'ALBRET, souverain de Bois-Belle, épousa Marguerite de Bourbon en 1556 et mourut en 1561.

Enfants. } François d'Albret, 1539, sans postérité.
Jacques, sans postérité.
Henriette.
Catherine-Marie.

HENRIETTE DE CLÈVES épousa Louis de Gonzague de Mantoue en 1571.

Le royaume de Bois-Belle passe dans la maison de Béthune.

MAXIMILIEN DE BÉTHUNE épousa Anne de Courtenay qui mourut en 1589.

Se remaria avec Rachel de Cochefilet.

D'Anne de Courtenay naquit Maximilien de Béthune, marquis de Rosny, 1588, qui épousa Françoise de Créquy.

Enfants.

> Maximilien de Béthune III, prince d'Henrichemont, épousa Charlotte Séguier en 1639 et mourut en 1661, à Paris.
>
> Son fils, Maximilien de Béthune IV, né en 1640, marié le 11 octobre 1658 avec Marie-Antoine Servieul, fille du marquis de Sablé et d'Augustine Le Roux.

Enfants.

> Maximilien - René - François de Béthune V, marquis de Rosny, né le 25 septembre 1664.
> Maximilien de Béthune VI, sans postérité.
> Magdeleine.
> Louise de Béthune.

BÉTHUNE, COMTES D'ORVAL, DUCS DE SULLY.

Armand-Maximilien de Béthune VII.

Maximilien VIII, qui a vendu la principauté au roi de France, lequel l'a donnée en apanage à Charles, comte d'Artois.

MARCHÉ

Pour la construction de la ville d'Henrichemont.

Le vingt-huitième jour de décembre mil six cent huit, pardevant Samuel Christophe, notaire de la souveraineté de Bois-Belle.

Furent personnellement établis Jacques Cosnier, entrepreneur du canal de Briare, demeurant à Paris rue des Barres, paroisse Saint-Sylvain, et Jonas Roblin, maître maçon, demeurant aussi à Paris, rue Chappin, paroisse Saint-Nicolas des Champs, pour une moitié, desquels chacun des susnommés pour leur moitié, René Benard, René Violette, marchands, demeurant en la ville de Tours, paroisse de Sainte-Croix, Boisnier, marchand demeurant à Orléans, paroisse Saint-Pierre la Chanterelle, et Claude Alaire, marchand demeurant à Amboise, et ont, tous de présent en cette souveraineté de Bois-Belle, aussy pour l'autre moitié comme dessus, lesquels chacun d'eux un seul pour le tout sans division des parties ni des biens, et l'un pour l'autre, ont promis et se sont obligés par ces présentes, envers mon seigneur le duc de Sully, pair, grand voyer, grand-maître et capitaine général de l'artillerie et chevaux de France tant pour lui que pour ceux qu'il lui plaira nommer ce présent et acceptant, de faire bien et duement tous les ouvrages et besognes ci-après déclarés en la ville d'Henrichemont, en cette dite souveraineté de Bois-Belle, qu'entend faire mon dit seigneur duc de Sully.

Premièrement, la clôture de la ville qui aura de chacun côté deux cent cinquante-six toises de murailles, de telle hauteur, profondeur et épaisseur qu'il lui plaira, qui seront faites de bons cailloux à chaux et sable; fort que les porteaux et encoignures, canon-nières et talus, de dessus des ponts levis seront faites de pierre de taille, dont sera payé à raison de dix-sept livres la toise cube, tant plein que vuide, et en ces cas que mon dit seigneur veuille que les parements soient de briques, et sera payé par chacune toise cube dix-huit livres.

Plus faire les fossés tout autour de la ville de telle profondeur et largeur qu'il plaira à mon dit seigneur, et porter toute la terre derrière ycelles murailles pour faire un rempart en forme de levée dont sera payé à raison de trente sols chaque toise cube de terre à ôter, à la charge aussi que les susdits entrepreneurs emploie-ront les terres qui seront tirées des fondements, caves des maisons et autres endroits, à l'applanissement de la ville, lesquelles ils réuniront de sorte que l'on y puisse donner après toutes les pentes nécessaires pour l'égout des eaux.

Plus faire dans la dite cloture, une eglise, un temple, un collège, seize corps de logis, une hotellerie et une halle, dont les murs, pans et pignons auront trois pieds d'épaisseur pour le fondement jusqu'au rez de chaussée, et terres, et le surplus de deux pieds jusqu'à leur hau-teur, le tout fait de cailloux à chaux et sable, fort le dessous des cloizons et poutres qui seront toutes de grandes briques et du nouveau moule du sieur Cosnier, les parements des dits murs qui seront du côté du dehors, embellis de grandes pillastres de briques, comme aussy les portes fenestres, et entablements garnis de briques suivant le plan qui en sera baillé, et les coins et porteaux des dites église, temple et corps de logis, collège, seront de briques garnies de cro-chettes de pierres de taille pour porter les fermetures à raison de six livres chacune toise carrée sans retenue, et ou mon dit seigneur voudroit que les murs des dites église, temple et collège, eussent plus d'epaisseur que ceux ci-dessus, sera payé à la même raison.

Plus faire les voutes des caves et canaux des dits logis à six livres chacune toise carrée et pour les terres et vuidanges qu'il conviendra oter des dites caves, seront payées à raison de trente sols chacune toise cube tirée et otée.

Plus faire les murs de refends, cheminée, carrelage, murs de cloture et parements de briques comme dessus, pour le même prix de six livres chacune toise carrée et pour le regard des cloisons, se toiseront deux toises pour une en fournissant par les entrepreneurs susdits, tant de bois que de toutes autres matières; en outre feront toutes les autres murailles tant de cloture que d'écuries et autres logis pour les boutiques revenant à deux pieds par en bas, et dix-huit pouces par en haut, les fenêtres et portes garnies d'un bord de briques ceintrées, comme aussi les entablements des murailles, à raison de quatre livres dix sols la toise.

Plus faire toutes les charpentes des dites églises, logis, écuries, granges, halles et pont levis au prix de cent cinquante livres le cent employé selon la coutume de Paris.

Plus faire toutes les couvertures d'ardoise rousses noires qu'il conviendra sur les batiments ci-dessus à sept livres la toise carrée.

Plus faire toutes les couvertures de tuiles qu'il conviendra ez dits logis, collège, halle, écuries et granges pour le prix de quatre livres la toise carrée.

Plus faire toutes les ferrures des cheminées, corbeaux, qu'il conviendra ez dits logis pour l'huis et portes, les dites cheminées et sablières pour le prix de deux, six deniers la livre.

Plus faire tous les pans qu'il conviendra dans la dite ville et aura les dits logis de pavé caillous de cinq à six pouces de hauteur, à raison de quatorze sols la toise carrée, et ou mon dit seigneur ou autre, tel qu'il lui plaira, voudraient faire batir plus grande quantité de logis que ceux ci-dessus, les dits entrepreneurs seront tenus faire les dits bâtiments à la raison des dits logis ci-dessus, et neanmoins ne sera permis à aucune personne de bâtir ou faire bâtir en la dite ville et faux bourgs, qu'au préalable les dits logis ci-dessus ne soient achevés, pour faire lesquels ouvrages ci-dessus les dits entrepreneurs fourniront de tous les matériaux nécessaires, et rendront la plaine nette.

Plus seront les fours, halle et logis des chaufourniers et briquetiers dans l'enceinte de la ville, s'il plaît à mon dit seigneur, pour lesquels leur a été donné et payé par le sieur Descures la somme de trois mille livres en espèces de pièces de seize sols dont ils se tiennent contents et en outre a été payé par avances, par le dit sieur Descures aux sieurs Benard, Violette, Boisnier et Alaire pour aider et achepter les materiaux la somme de *dix mille livres* dont pareillement ils se tiennent contents et rendront la dite besogne bien faite et parfaite dedans le jour et fête de Toussaint mil six cent onze, et leur sera payé le prix des dits ouvrages, en travaillant fin de besogne, fin de paiement et après bonne visitation et toisage d'ycelles, le tout sous le bon plaisir et volonté du dit seigneur, affectant et obligeant leurs biens meubles et immeubles présents et avenir, même par emprisonnement et détention de leurs personnes, savoir est, les dits Cosnier et Roblin solidairement pour la moitié, et les dits Besnard, Violette, Boisnier et Alaire, aussi solidairement comme dessus pour l'autre moitié, renonçant au bénéfice de division et ordre de droit, discussion et fidejussion promettant, etc.

Fait au bourg de la dite souveraineté de Bois-Belle au logis d'honnête homme François Bouju, receveur des tailles et aides du pays du Berry, présence noble homme François Le Maréchal aide du roy et tresorier général des finances, sieur de Corbet demeurant en la ville de Bourges, et maitre Pierre Evrard secretaire de la chambre du roy demeurant au chateau de Baugy, tesmoins.

La minute des présentes est signée Maximilien de Bethune, marechal, Cosnier, Alaire, Roblin, Besnard, Violette, Boisnier, Evrard et Christophe, notaire.

Cette copie a été collationnée sur la minute qui étoit alors entre les mains de M. Joseph Devailly aîné demeurant à Henrichemont au quartier des Quatre-Nations.

Pour copie,

Le sous-inspecteur des forêts,

A. PANARION.

TITRE

Pour la ville d'Henrichemont (Cher).

Maximilien de Bethune, duc de Sully, pair de France, prince souverain de Henrichemont et de Bois-Belle, marquis de Rosny, duc d'Orval, baron d'Espineuil, Brunois, Montrond, Saint-Amand, Baugy, la Chapelle, Villebon, Boutin, le Châtelet et Rouvion, conseiller du roy en tous ses conseils, grand voyer de France, grand-maître de l'artillerie par reserve, cappitaine lieutenant des deux cents hommes d'armes des ordonnances du roy sous le titre de la Reine, gouverneur et lieutenant général pour le roy, au prononcé du haut abay et pour tout, Chatelvaudoier et Loudunois, superintendant des bâtiments du roy, cappitaine héréditaire des canaux de France, commandeur des villes de Mantes et Jargeau.

Vu et entendu la resquète à nous portée au nom de nos subjets, manants et habitants de notre chère souveraineté de Henrichemont et Bois-Belle, tendant afin que tout le sel pour leur usage, leur fust délivré dans notre grenier à sel à un prix fort bas et modéré, à qui tout ce que nous a voulu dire et remontrer pour cet égard, Martin Henry et Estienne Soulcyot desputés vers nous de la part de nos dits subjets.

Vœu le contrat ci-devant passé par nous avec le précédent fermier général des gabelles de France, pour la fourniture de nos greniers à sel, avec contract nouvellement passé avec le sieur Robin qui est à présent fermier général des gabelles de France, par lequel le prix et achapt du sel nous est augmenté de la moitié la tiqᵉ à nous porté par les officiers de nos gabelles, tendant à ce qu'il nous plust faire fonds pour le paiement de leur gaige et taxations, et pour les reparations et entretenements de nos greniers à sel, et des mauvais chemins des environs d'y celluy, et le tout considéré.

Nous, seulement à la supplication de nos subjets, et desirant les soulager et les gratifier le plus qu'il nous sera possible, avons dit et déclaré, disons et déclarons par ces présentes, nos voulloir et intentions estre :

Que tout le sel nécessaire pour l'usage de nos subjets, leur soit distribué et délivré dans nos greniers, presentement et à perpetuité au temps advenir, pour la moitié du prix qu'il est ou qu'il sera vendu dans les greniers à sel établis pour le roy en la ville de Bourges, sans qu'il puisse être augmenté ci-après par nous ou nos successeurs pour quelque cause et occasion que ce soit.

A la charge que nul de nos sujets, tant de Henrichemont, Bois-Belle, Vaux, Achères, le Pré, les Chezeaux, Menetou et autres, estant residant dans notre souveraineté, ne pourront prendre, achepter, user ni débiter aucun faux sel, ni aussi de quelque lieu qu'il puisse provenir, sinon celui qu'ils auront pris dans notre grenier, ce que nous leur défendons expressement, à peine de confiscation du sel, chevaux, charretes, et de cinquante escus d'amande pour la première fois, avec punition corporelle pour la suivante, le tout conformément aux ordonnances faites pour les gabelles de France.

Cy mandons à tous nos officiers, tant de nos gabelles que autres, qu'ils aient à faire lire, publier et enregistrer ces présentes par tout ou il appartiendra dans l'estendue de notre souveraineté, et y celle faire garder et observer et exécuter selon leur forme et teneur.

Nous tenant adverti des contraventions qui pourront intervenir et mandons au premier de nos huissiers ou sergents sur ce resquis de faire toutes publications, significations, contractures et captures pour ce nécessaire.

Donné en notre chasteau de Montrond le treizième jour de décembre mil six cent douze.

Signé : Maximilien de BETHUNE.

Par commandement de mon dict seigneur,

Signé : NICOLAS.

Pour copie conforme à l'original.

Le sous-inspecteur des forêts,

A. PANARION.

LETTRES ET DÉCLARATIONS

Des droits de la souveraineté et principauté d'Henrichemont et Bois-Belle.

LOUIS, PAR LA GRACE DE DIEU, ROY DE FRANCE ET DE NAVARRE : A tous présens et à venir, SALUT. Notre cher et bien amé cousin Maximilian-Pierre-François de Bethune, Duc de Sully, Pair de France, Prince et Souverain d'Henrichemont et Boisbelle, Nous a fait remontrer, que de tout tems immémorial, lui et ses Prédecesseurs, Seigneurs desdits Boisbelle et Henrichemont, ont joui desdites Terres et Seigneuries, sises en notre Province de Berry, en titre de Principauté, Souveraineté et Seigneurie, Justice, et autres prééminences, prérogatives, avantages et droits généralement quelconques, dont jouissent les autres Seigneurs Souverains ; ensorte que la Justice a toujours été exercée, comme encore elle s'exerce souverainement dans toute l'étendue de ladite Seigneurie, sur les Habitants et Sujets d'icelle, sous l'autorité de leur Seigneur, sans que lesdits Habitants et Sujets puissent être distraits de la juridiction d'icelle, ni se pourvoir par appel ou autrement, tant en matiere civile que criminelle, en aucune Cour de notre Royaume, contre les Jugemens rendus par les Officiers de ladite Souveraineté ; outre plusieurs autres Privileges, Exemptions, Franchises et Libertés dont jouissent, et ont toujours joui les Habitans de ladite Souveraineté, même de l'exemption de toutes Tailles, Subsistances, Aydes, Gabelles, Subsides, et toutes autres Impositions, imposées et à imposer sur nos Sujets : De tous lesquels droits et avantages, prérogatives, privileges et exemptions, le feu Roy Henry quatrième, notre ayeul, d'heureuse mémoire, fit expédier ses Lettres Patentes en forme de Déclaration au mois d'Avril 1598, registrées en notre Cour des Aydes à Paris le 16 septembre ensuivant, et depuis confirmées par autres Lettres des mois de Septembre et Décembre 1608, Septembre 1635, et Janvier 1644, aussi bien et duement vérifiées où besoin a été, ensuite en notre Cour des Monnoyes, pour l'exposition de la monnoye d'or et d'argent que lesdits Seigneurs Souverains ont droit de faire battre dans l'étendue de ladite Souveraineté ; au moyen desquelles Déclarations lesdits Seigneurs Souverains desdites Terres et leurs Sujets, sont demeurés en la possession et jouissance paisible de tous les droits, prééminences, franchises, exemptions, priviléges : Et néanmoins afin qu'ils ne puissent être troublés, ni empêchés à l'avenir en la continuation de la jouissance d'aucuns d'iceux, sous prétexte qu'ils ne seroient de la connoissance desdites Cours des Aydes ou des Monnoyes : Notredit Cousin Nous a très-humblement fait supplier lui vouloir pourvoir, et lui accorder nos Lettres de Déclaration sur ce nécessaires. A CES CAUSES, de l'avis de notre Conseil, qui a vû lesdites Lettres de Déclaration, et Arrêts d'enrégistrement d'icelles, des mois d'Avril 1598, Septembre, Octobre et Décembre 1608, Février 1609, Septembre 1635, Janvier, Mars 1644, et Mars 1654, ci-attachées sous le contre-scel de notre Chancellerie : Nous avons icelles confirmées et autorisées de nos graces spéciales, pleine puissance et autorité royale, confirmons et autorisons par ces Présentes signées de notre main, dit, déclaré et ordonné, Nous disons, déclarons et ordonnons, voulons et Nous plait, qu'elles soient exécutées selon leur forme et teneur ; ce faisant, que ladite Seigneurie de Boisbelle et d'Henrichemont soit et demeure, comme elle a été de tous tems, en titres et prééminence de Principauté, sans reconnoissance d'aucun Supérieur pour la Foi et Homage, de Justice souveraine, sans appel, sous l'autorité de notredit Cousin et ses Successeurs, sur les Sujets d'icelle Souveraineté, et de tous les autres droits qui appartiennent à Seigneurs Souverains, sans aucune chose excepter, retrancher, ni diminuer. SI DONNONS EN MANDEMENT à nos amés et féaux Conseillers, les Gens tenans notre Grand-Conseil, que de nos présentes Lettres de Déclaration, vouloir et intention, et de tout le contenu ci-dessus, ils fassent, souffrent et laissent notredit Cousin, ses Successeurs Seigneurs dudit Boisbelle et Henrichemont, Officiers et Sujets de ladite Souveraineté, jouir et user pleinement, paisiblement et perpétuellement, cessant et faisant cesser tous troubles et empêchemens au contraire, nonobstant toutes oppositions ou appellations quelconques, pour lesquelles, et sans préjudice d'icelles ne voulons être différé, et dont, si aucunes interviennent, comme généralement de l'entiere exécution des Présentes, circonstances et dépendances, Nous avons, pour certaines bonnes causes et considérations à ce Nous mouvans, de nos mêmes graces, puissance et autorité que dessus, attribué et at- .. tribuons à notredit Grand-Conseil par cesdites Présentes toute Cour, Jurisdiction et connoissance, et icelle interdite et défendue, interdisons et défendons à toutes nos autres Cours et Juges, nonobstant aussi tous Edits et Ordonnances, Défenses et Lettres à ce contraires, ausquelles et aux dérogatoires y contenus, Nous avons pour ce regard seulement dérogé et dérogeons par cesdites Présentes, ausquelles, afin que ce soit chose ferme et stable à toujours, Nous avons fait mettre et apposer notre scel, sauf en autre chose notre droit, et l'autrui en toutes. DONNÉ à Fontainebleau, le sixième de Juin, l'an de grace mil six cent soixante-quatre, et de notre Regne le vingt-deuxiéme. *Signé*, LOUIS; et sur le repli, par le Roy, PHELYPEAUX; sur le même repli, *Visa*, SEGUIER. Pour servir aux Lettres de Confirmation des Privileges accordés à la Principauté d'Henrichemont; et encore sur le repli est écrit, enregistrées ès Registres du Grand-Conseil du Roy, suivant l'Arrêt de ce jourd'hui donné en icelui. A Paris le cinquiéme jour de Juillet 1664. *Signé*, HERBIN; icelles Lettres scellées du grand sceau de cire verte, sur lacs de soye rouge et verte, et contre-scellées de même sorte.

Extrait des Registres du Grand-Conseil du Roy.

SUR la Requête présentée au Conseil par Messire Maximilian-Pierre-François de Bethune, Duc de Sully, Pair de France, Prince et Seigneur Souverain de Bois-Belle et d'Henrichemont, tendante afin que les Lettres Patentes à lui accordées par Sa Majesté, le sixième Juin mil six cent soixante-quatre, soient enregistrées ès Registres du Conseil, pour jouir par le Suppliant de l'effet et contenu d'icelles selon leur forme et teneur : Vû pour le Conseil ladite Requête, lesdites Lettres Patentes, par lesquelles, pour les considérations y contenues, Sa Majesté confirme et autorise les Lettres de Déclaration de ses Prédecesseurs, et Arrêts d'enregistrement d'icelles, des mois d'Avril 1598, Septembre, Octobre et Décembre 1608, Février 1609, Janvier et Mars 1644, et Mars 1654, concernans les Priviléges des Seigneuries et Principautés de Boisbelle et d'Henrichemont, dit, déclare, ordonne et veut qu'elles soient exécutées selon leur forme et teneur; ce faisant, que lesdites Seigneuries de Boisbelle et d'Henrichemont soient et demeurent, comme elles ont été de tout tems, en titre et prééminence de Principauté, sans reconnoissance d'aucun Superieur pour la Foi et Hommage, Justice souveraine et sans appel, sous l'autorité du Suppliant, et de ses Successeurs, sur les Sujets d'icelle Souveraineté, et de tous autres droits qui appartiennent à Seigneurs Souverains, sans aucune chose excepter, retrancher ni diminuer, avec mandement au Conseil, que du contenu ausdites Lettres et Déclaration, ils le fassent jouir, et ses Successeurs et Seigneurs dudit Boisbelle et Henrichemont, Officiers et Sujets de ladite Souveraineté, pleinement, paisiblement et perpétuellement, faisant cesser tous troubles et empêchemens à ce contraires, nonobstant toutes oppositions ou appellations quelconques, pour lesquelles, et sans préjudice d'icelles, ne veut être differé, et dont, si aucunes interviennent, comme généralement de l'entiere exemption desdites Terres, circonstances et dépendances, Sadite Majesté attribue audit Conseil toute Cour et Jurisdiction, connoissance, et icelle interdit à toutes les autres Cours et Juges, nonobstant tous Edits, Ordonnances, Défenses et Lettres contraires, ausquelles, et aux dérogatoires des dérogatoires y contenues, Sadite Majesté a, pour ce regard seulement, dérogé par lesdites Lettres dudit 6 Juin 1664. Lesdites Lettres de Déclaration et Arrêts d'enregistrement d'icélles desdites années 1598, 1608 1609, 1635, 1644 et 1654, Ordonnance du Sieur de Here, Intendant de la Justice en Berry, du dernier May 1639, Arrêt de la Cour des Aydes de Paris du 29 Avril 1630, et 6 Juillet 1639, et autres Pieces attachés à ladite Requête; et conclusions du Procureur Général du Roy. LE CONSEIL, ayant égard à ladite Requête, a ordonné et ordonne que lesdites Lettres seront enregistrées ès Registres du Conseil, pour jouir par ledit de Bethume de l'effet et contenu en icelles, et être exécutées selon leur forme et teneur. Le présent Arrêt a été mis au greffe du Conseil, montré au Procureur Général du Roy, et prononcé à Paris le cinquiéme jour de Juillet mil six cent soixante-quatre. *Signé,* HERDIN.

ARREST

DU GRAND CONSEIL DU ROI

QUI juge que les Habitants de la Principauté Souveraine
d'Henrichemont ne peuvent être distraits de leur Jurisdiction en vertu du privilège de Scolarité.

Du 29 Novembre 1757.

LOUIS Par la grace de Dieu Roi de France et de
Navarre, à tous ceux qui ces présentes Lettres verront,
Salut. Savoir faisons que, comme par Arrêt ce jour-
d'hui donné en notre Grand Conseil entre notre très-
cher et bien amé Cousin, Maximilien-Antoine-Armand
de BETHUNE, PRINCE SOUVERAIN d'Henrichemont et
Boisbelle, demandeur aux fins des commission et
exploits des dix-neuf juillet et deux août mil sept cent
cinquante-six, à ce que les Parties soient réglées de
Juges, d'entre le Siége de la Conservatoire Présidiale
des privilèges de l'Université de Bourges, et la Justice
du Fief-pot, membre dépendant de la Principauté Souveraine de Boisbelle et Henrichemont; en conséquence
voir dire que sans s'arrêter ni avoir égard à la Sentence dudit Siége de la Conservatoire Présidiale des
privilèges de l'Université de Bourges, incompétemment
rendue le neuf juillet mil sept cent cinquante-six, ni à
la qualification de Jugement dernier portée par icelle;
les Parties seront renvoyées à se pourvoir, sur le fond
de leurs contestations, à la Justice du Fief-pot, membre
dépendant de la Principauté Souveraine d'Henrichemont, en conformité des droits et privilèges de cette
Souveraineté, confirmés par tous les Rois de France;
et que les sieurs Pernin défendeurs soient condamnés
en tous les dépens, d'une part. Et François Pernin,
Écolier de l'Université de Bourges, procédant sous l'autorité de Silvain Pernin son pere, Maître Boulanger, et
Catherine Landel veuve du sieur Nicolas Cuzin, défen-

deur d'autre part. Et entre ladite veuve Cuzin, demanderesse aux fins de la requête présentée en notredit Conseil, le neuf août dernier, tendante à ce qu'il lui fût donné acte de ce qu'elle n'entend former aucune contestation sur la demande en réglement de Juges, d'entre notredit cousin le PRINGE d'Henrichemont et les sieurs Pernin, pendante en notredit Conseil; et de ce que, sur ladite contestation, elle s'en rapporte à la prudence de notredit Conseil, d'ordonner et statuer ce que bon lui semblera; en conséquence que celle des Parties qui succomberont, soit des sieurs Pernin pere et fils, soit de notredit Cousin le PRINCE d'Henrichemont, soit condamnée aux dépens, d'une part. Et notredit Cousin le PRINCE d'Henrichemont et les sieurs Pernin, pere et fils, défendeurs d'autre part. Sans que les qualités puissent nuire ni préjudicier aux Parties. Après que Laget Bardelin Avocat de notredit Cousin le PRINCE d'Henrichemont, assisté de Gaignaut son Procureur, a été ouï et conclu en sa demande. Que Tardif, Procureur des sieurs Pernin pere et fils a aussi été ouï. Que Boullancourt, Procureur de ladite veuve Cusin a aussi été ouï, et conclu en sa requête de demande. Et que Dauriat pour notre Procureur Général a pareillement été ouï. ICELUI NOTREDIT GRAND CONSEIL, sans s'arrêter à la qualification de Jugement dernier, insérée en la Sentence du Présidial de Bourges, a renvoyé les Parties à se pourvoir sur le fond de leurs contestations, en la Justice du Fief-pot, membre dépendant de la Souveraineté d'Henrichemont; condamne la Partie de Tardif aux dépens envers toutes les parties. Si donnons en mandement au premier Huissier de notredit Conseil, pour ce qui est exécutoire en notre Cour et suite; et hors d'icelle au premier notredit Huissier, ou autre notre Huissier ou Sergent sur ce requis qu'à la requête de notredit Cousin le PRINCE d'Henrichemont, le présent Arrêt il mette à exécution, selon sa forme et teneur nonobstant oppositions ou empêchement généralement quelconques; pourquoi et sans préjudice desquels ne sera différé en outre pour l'exécution dudit Arrêt, circonstances et dépendances, tous exploits et actes de justice requis et nécessaies; de ce faire lui donnons pouvoir, sans pour ce demander *visa*, *placet* ni *pareatis*. DONNÉ en notredit Conseil à Paris le vingt-neuvième jour du mois de Novembre, l'an de grace mil sept cent cinquante-sept et de notre règne le quarante-troisième. Collationné. *Par le Roi*, à la relation des Gens de son Grand Conseil. *Signé* VERDUC. Scellé le 12 Décembre 1757.

¶ Il y a Arrêts semblables : l'un du Conseil d'État du Roi du 4 Septembre 1646, l'autre du Grand Conseil, du 10 Février 1742, qui jugent que les Habitants de la Souveraineté d'Henrichemont ne peuvent être distraits de leur Juridiction, en vertu du privilège de *Committimus* aux Requêtes du Palais.

ARREST DU GRAND-CONSEIL

Du 7 Juillet 1758.

LOUIS, par la grâce de Dieu, ROI DE FRANCE ET DE NAVARRE, à tous ceux qui ces présentes Lettres verront, SALUT. Sçavoir faisons que comme par Arrêt cé jour-d'hui donné en notre Grand-Conseil, entre notre cher et bien aimé Cousin MAXIMILIEN-ANTOINE-ARMAND DE BETHUNE, Prince Souverain d'Henrichemont et Boisbelle, Demandeurs aux fins des commissions et exploits des quinze Juillet, quatre et onze Août mil sept cent cinquante-sept, et en requête du vingt-deux Février mil sept cent cinquante-huit, tendante à ce qu'il plût à notredit Conseil dire qu'il n'y a lieu ni à exceptions, ni à défenses, ni à statuer sur les exploits signifiés les vingt-huit Juin et treize Juillet mil sept cent cinquante-sept, à la requête des Sieur et Dame de Jassaud, ci-après qualifiés, à l'effet que notredit Cousin le Prince d'Henrichemont fût tenu de comparoir au Châtelet de Paris, pour voir déclarer bonnes et valables les offres à lui faites le premier dudit mois de Juin, en conséquence voir dire qu'il sera tenu de faire délivrer audit sieur de Jassaud des provisions pour l'exercice des Charges et Offices de Bailly, Lieutenant, Juge Civil, Criminel et de Police, et autres Offices de la Ville et Principauté d'Henrichemont, voir aussi dire qu'il sera tenu de supprimer l'Office de Lieutenant Général de Police, démembré des susdits Offices depuis le décès du feu sieur Thomas de Boischantel, pere de ladite Dame de Jassaud, son unique héritiere, et en cette qualité de propriétaire desdits Offices, si mieux n'aime notredit Cousin le Prince d'Henrichemont payer et rembourser auxdits Sieur et Dame de Jassaud la somme de dix mille trois cens trente livres pour le prix de la finance et augmentation d'icelle desdites Charges et Offices, avec les intérêts, à compter dudit jour premier Juin, dommages, intérêts et dépens ; ladite requête du vingt-deux Février mil sept cent cinquante-huit, tendante encore à ce qu'il plût à notredit Conseil faire défenses auxdits Sieur et Dame de Jassaud, et à tous autres de faire à l'avenir pareille procédure, d'une part ; Et lesdits Sieur et Dame de Jassaud, défendeurs, d'autre part. Et entre ledit Pierre Jassaud, Avocat au Parlement, et Marie-Anne Thomas, son épouse, seule fille et unique héritiere de Gabriel-Thomas de Boischantel, son pere, à son décès Conseiller, Bailly, Lieutenant, Juge, Magistrat, Commissaire, Enquêteur, et Examinateur Civil, Criminel et de Police, Maître et Lieutenant des Eaux et Forêts, Juge des chasses des Terres et Seigneuries de la Principauté d'Henrichemont, Boisbelle et dépendances, Juge du Grenier à sel et du ressort du Fief-pot et Justice en dépendante, Maire perpétuel de la Ville d'Henrichemont, et ayant droit de faire exercer la Police sur la Manufacture des draps, et de faire marquer iceux ; Demandeur en requête du vingt-trois Février mil sept cent cinquante-huit, tendante à ce que sans s'arrêter à la susdite requête de notredit Cousin le Prince d'Henrichemont du vingt-deux dudit mois de Février, il plût notredit Conseil ordonner que notredit Cousin seroit tenu, dans trois jours pour tout délai, fournir des défenses, sinon et à faute de ce faire, autoriser les Demandeurs à faire juger le profit du défaut, faute de défendre en la maniere accoutumée, et que notredit Cousin seroit condamné aux dépens, d'une part : Et notredit Cousin le Prince d'Henrichemont, Défendeur à ladite requête, d'autre part. Et en notredit Cousin Maximilien-Antoine-Armand de Bethune, Prince Souverain d'Henrichemont et Boisbelle, Demandeur en requête du dix-sept Avril mil sept cent cinquante-huit, tendante à ce qu'il plût à notredit Conseil, en plaidant sur la requête du vingt-deux Février précédent, ordonner que les Parties viendront pareillement plaider sur la présente requête ; ce faisant, dire qu'il n'y a lieu à statuer sur les assignations et prétendues assi-

43

gnations signifiées à la requête desdits Sieur et Dame
de Jassaud, les seize et dix-huit Février mil sept cent
cinquante-huit, aux sieurs Jacques-François-Charles
Saillant, Bailly, Juge Civil et Criminel de la Principauté
d'Henrichemont, Lieutenant Général de Police d'icelle;
Pierre Aucheres, Notaire ordinaire, et Fermier de ladite
Principauté; Silvain Pinson, Greffier au Baillage
d'icelle, demeurant en ladite Ville d'Henrichemont; et à
M⁰ François Dumont, Avocat au Parlement, Docteur et
Professeur du Droit François en l'Université de Bourges,
Conseiller de la Chambre Souveraine d'Henrichemont,
et ci-devant Bailly de ladite Principauté, demeurant en
la Ville de Bourges; ladite requête du dix-sept Avril
mil sept cent cinquante-huit, tendante en outre à ce
qu'il fût fait défenses au Sieur et Dame de Jassaud de
faire sur lesdites prétendues assignations, et assignations, aucunes poursuites ni procédures, d'une part;
Et lesdits Sieur et Dame de Jassaud, Défendeurs, d'autre
part. Et enfin entre lesdits Sieur et Dame de Jassaud,
Demandeurs en requête du vingt-deux dudit mois
d'Avril, employée pour fins de non-recevoir, et en tant
que de besoin pour défenses contre les conclusions de
la requête de notre Cousin le Prince d'Henrichemont
du dix-sept Avril précédent; ladite requête desdits
Sieur et Dame de Jassaud dudit jour vingt-deux Avril,
tendante à ce qu'il plût à notredit Conseil déclarer
notredit Cousin non-recevable et mal fondé dans lesdites conclusions, subsidiairement l'en débouter; au
surplus adjuger auxdits Sieurs et Dame de Jassaud les
conclusions de leur requête du vingt-trois Février de
la présente année, avec dépens, d'une part; et notre
Cousin le Prince d'Henrichemont, Défendeur, d'autre
part. Après que Mallet, Avocat de notredit Cousin,
assisté de Gaignant son Procureur, a été ouï et conclu
dans ses requêtes, que Laget Bardelin, Avocat des
Sieur et Dame de Jassaud, assisté de Roi-Duvivier leur
Procureur, a aussi été ouï, et conclu dans leur requête; et qu'Olivier de Senozan pour notre Procureur
Général, a aussi été ouï, et qu'il en a été délibéré.
Icelui NOTREDIT GRAND-CONSEIL, attendu le cas dont
il s'agit, dit qu'il n'y a lieu à défenses, ni à statuer sur
les assignations données au Châtelet de Paris à la Partie
de Mallet à la requête des Parties de Laget, ni pareillement à statuer sur les assignations des seize et dix-
huit Février dernier, mentionnées en la requête de
ladite Partie de Mallet du dix-sept Avril dernier, sauf

aux Parties de Laget à se retirer par-devers ladite Partie de Mallet ou par-devant les Juges d'Henrichemont et Boisbelle, pour leur être pourvu sur les demandes qui pourront être formées au sujet de ce dont est question esdites assignations. Si DONNONS en Mandement au premier Huissier de notredit Conseil pour ce qui est exécutoire en notre Cour et suite; et hors d'icelle au premier notredit Huissier ou autre notre Huissier ou Sergent sur ce requis, qu'à la requête de notredit Cousin le Prince d'Henrichemont le présent Arrêt il mette à exécution selon la forme et teneur, nonobstant oppositions ou empêchemens généralement quelconques, pour quoi et sans préjudice desquels ne sera différé, et de faire en outre pour l'exécution dudit Arrêt, circonstances et dépendances, tous exploits et actes de Justice requis et nécessaires : De ce faire lui donnons pouvoir, sans pour ce demander *visa, placet* ni *pareatis*. DONNÉ en notredit Conseil, à Paris, le septiéme jour du mois de Juillet, l'an de grace mil sept cent cinquante-huit, et de notre Regne le quarante-troisiéme. Collationné. Par le Roi, à la relation des Gens de son Grand-Conseil. VERDUC. Scellé le 21 Juillet 1758. Signifié le 21 du même mois à Mᵉ Roi-Duvivier, Procureur.

Je, soussigné, tant en mon nom que comme fondé de la procuration spéciale de mon épouse dénommée en l'Arrêt ci-dessus, et des autres parts, déclare tenir ledit Arrêt bien et duement signifié à nous, et y acquiescer formellement. Fait à Paris, ce 23 Juillet 1758. DE JASSAUD, fils.

EXTRAIT

Des registres du Conseil de Son Altesse le Prince et Souverain d'Henrichemont et de Boisbelle.

Du 24 Juillet 1758.

Sur la requète présentée à Son Altesse le Prince et Souverain d'Henrichemont et Boisbelle, étant en son Conseil, par le sieur Pierre de Jassaud, Chevalier, et Dame Marie-Anne-Thomas de Boischantel, son épouse, résidens en la Ville d'Henrichemont; CONTENANT qu'en qualité d'héritière du sieur Gabriel-Thomas, son pere, qui étoit propriétaire au jour de son décès, tant des Offices de Conseiller, Bailly, Juge ordinaire de Police, et du Grenier à Sel de la Principauté et Souveraineté d'Henrichemont et Boisbelle, que des Offices de Maître des Eaux et Forêts, Juge des chasses, Garde-scel des actes et contrats, et de l'Office de Maire, pour raison desquels ledit feu sieur Thomas et ses Ayeuls, titulaires des mêmes Offices, ont payé différentes finances et une augmentation de finance, il est dû à la Dame de Jassaud la somme de dix mille trois cens trente livres, suivant les quittances sur ce passées les 5 Novembre 1681, 15 Mars 1703, et 2 Mars 1707. Que c'est ce qui a engagé les Supplians à faire représenter qu'ils étoient disposés à recevoir le remboursement de la somme de dix mille trois cens trente livres, si mieux il ne plaisoit à Son Altesse de pourvoir desdits Offices ledit sieur de Jassaud : mais les personnes auxquelles il s'étoit adressé pour obtenir cette grace et cette justice, ne lui ayant pas rendu une réponse positive, soit à cause de l'absence de Son Altesse, ou parce qu'elle avoit d'ailleurs commis à l'exercice desdits Offices, le sieur de Jassaud a été conseillé, pour la conservation des droits de sa femme, de former en Justice ses demandes, lesquelles ayant été évoquées au Grand-Conseil, il y est intervenu le 7 Juillet 1758 un Arrêt contradictoire, par lequel, attendu le cas dont il s'agit, le Grand-Conseil a dit qu'il n'y avait lieu à défenses ni à statuer, tant sur les assignations données au Châtelet de Paris les 28 Juin et 13 Juillet 1757, que sur les assignations mentionnées en la Requête du 17 Avril dernier énoncée audit Arrêt, sauf à se pourvoir à l'égard des Supplians par-devers Son Altesse, ou par-devant les Juges de la Principauté d'Henrichemont et Boisbelle, pour être pourvu aux Supplians sur les demandes qui pourroient être par eux formées au sujet de ce dont est question esdites assignations. Mais pour se conformer à cette décision, et faire d'autant mieux connoître à Son Altesse que les Supplians n'ont jamais eu intention de méconnoître directement ni indirectement sa Souveraineté, ni aucun de ses droits; qu'au contraire et à l'exemple des Ayeuls de ladite Dame de Jassaud qui ont été si singuliérement honorés de la confiance des précédens Princes Souverains d'Henrichemont et Boisbelle, les Supplians feront toujours profession de se comporter comme de vrais et fideles Sujets, afin de mériter les mêmes marques de protection; les Supplians ont tenu l'Arrêt pour bien et duement signifié, ils ont même déclaré y acquiescer et se désister desdits exploits et assignations, s'en rapportant uniquement à la justice de Son Altesse, et la suppliant de recevoir favorablement lesdites déclarations et leurs très-humbles et très-respectueuses représentations.

A CES CAUSES, les Supplians requeroient qu'il plût à Son Altesse Souveraine, ayant égard à leurs déclarations, leur donner acte du désistement qu'ils font desdits exploits et assignations, qu'ils reconnoissent nuls et de nul effet, consentant qu'ils demeurent comme non-avenus, et suppliant Sadite Altesse de leur pourvoir au surplus ainsi qu'elle le jugera à propos. Vû ladite Requête signée de Jassaud. Ouï le rapport, SON ALTESSE étant à son Conseil, ayant égard aux déclarations contenues en ladite Requête, a déclaré et déclare par grace imposer silence perpétuel à son Procureur Général en sa Chambre Souveraine sur l'attentat résultant des exploits et assignations mentionnés en la Requête. Ordonne au surplus qu'il sera incessamment procédé à la liquidation des finances payées pour raison des Offices dont il s'agit, par le sieur Mallet, Conseiller, Commissaire à ce député, sur les titres qui lui seront à cet effet représentés par les Supplians, pour sur son avis être ensuite par SON ALTESSE pourvu au remboursement de la somme à laquelle lesdites finances seront fixées, ainsi qu'il appartiendra ; et sera le présent Arrêt enregistré au Greffe de ladite Chambre Souveraine, imprimé, lû, publié et affiché par-tout où besoin sera. Fait au Conseil de S. A. tenu à Paris le 24 Juillet 1758. *Signé* ROGY, avec paraphe.

Vu par Son Altesse le Prince et Souverain d'Henrichemont et Boisbelle, l'Arrêt rendu en son Conseil, le 24 Juillet 1758, sur la Requête y insérée des Sieur et Dame de Jassaud, par lequel et pour les causes y contenues, S. A. a ordonné que par le sieur Mallet, Conseiller et Commissaire à ce député, il seroit incessament procédé sur les pièces qui lui seroient par eux remises, à la liquidation des finances payées, suivant les quittances énoncées en ladite Requête, pour raison des Offices y mentionnés, et dont feu sieur Gabriel-Thomas, pere de ladite Dame de Jassaud, étoit propriétaire, pour sur l'avis dudit sieur Conseiller et Commissaire être ensuite pourvu, ainsi qu'il seroit par S. A. ordonné, au remboursement de la somme à laquelle lesdites finances seroient fixées. Vû aussi le procès-verbal dressé en exécution dudit Arrêt le 25 dudit mois de Juillet par ledit sieur Conseiller et Commissaire ; ensemble les quittances y rapportées des 5 Novembre 1681, 15 Mars 1703, et 2 Novembre 1707, et son avis portant que lesdites finances montent à la somme de 10330 liv. à laquelle le remboursement doit être fixé. Ouï le rapport, et tout considéré, SON ALTESSE étant en son Conseil, a fixé, suivant ledit avis et procès-verbal, qui demeurera annexé à la minute du présent Arrêt, les finances des Offices dont il s'agit à la somme de 10330 liv. laquelle sera payée et remboursée par le sieur du Poirier, son Trésorier, auxdits Sieur et Dame de Jassaud, ès noms qu'ils procédent, sur leurs quittances sur ce suffisantes, lesquelles rapportant avec celles du paiement desdites finances, ladite somme de 10330 liv. lui sera passée et allouée dans la dépense de ses comptes sans difficulté. Fait au Conseil de S. A. tenu à Paris le 26 Juillet 1758. *Signé* MALLET, avec paraphe.

A SON ALTESSE SOUVERAINE

MADAME LA PRINCESSE D'HENRICHEMONT

DUCHESSE DE SULLY.

ODE.

Savantes nymphes du Parnasse,
Qui présidez aux nobles chants,
Venez seconder mon audace,
Inspirez-moi des airs touchants.
Si ma lyre est encore novice,
Vous pouvez, d'un regard propice,
L'instruire à chanter des héros ;
Mes succès seront votre ouvrage ;
Pour vous en marquer mon hommage,
Je vous consacre mes travaux.

Jamais plus auguste matière
N'exerça vos chers favoris ;
Jamais plus immense carrière
N'immortalisa leurs écrits ;
Tout brille ici, tout est illustre :
La France a vû naître son lustre
Des fameux guerriers de ce nom ;
Daignez tracer à ma mémoire
Les plus beaux traits de notre histoire,
Ce seront ceux de CHASTILLON.

Mais quelle lumière divine
Frappe mon esprit enchanté
Et me découvre l'origine
Des héros de l'antiquité ?
C'est le dieu des vers qui m'éclaire
Par mon projet j'ai sçu lui plaire ;

Il le juge digne de lui,
Je le sens; c'est lui qui m'inspire
Ce que ma plume doit écrire :
Lui seul veut être mon appuy.

H'ouvre à mes regards les fastes
De cet Empire tant vanté :
Malgré ses distances si vastes,
J'apperçois sans obscurité
Les premiers comtes de Champagne
Qui, vers les temps de Charlemagne,
Sont la tige des Chatillons;
Qui bientôt aussi, d'âge en âge,
Par leur sagesse et leur courage,
Sont chefs de nos fiers bataillons.

Ainsi que nous voyons un fleuve,
De la source à peine écarté,
De la grandeur montrer la preuve
Et écouler avec majesté;
Ainsi, cette fameuse race,
Déjà presqu'en naissant efface
Les grands assis aux premiers rangs;
Les rejettons qu'on en vit naître,
A nos ayeux firent connoître
L'art pénible des conquérants.

Quelle foule d'hommes célèbres,
Jadis l'amour de l'univers,
A mes yeux sortent des ténèbres
Et demandent place en mes vers!
En silence je les admire,
Et si je ne peux sur ma lyre
Répéter leurs faits glorieux,
Les doctes filles de mémoire
Scauront éterniser leur gloire
Et porter leurs noms jusqu'aux cieux.

Tant que sur la chaire de Pierre
L'Eglise écouta Chastillon (1),
Toujours brillante de lumière
La paix suivit son pavillon;

_____

(1) Eudes de Chastillon, pape sous le nom d'Urbain II, en 1086; il
engagea les princes chrétiens à se croiser pour aller au secours de la
Terre-Sainte.

On vit les sujets et leurs princes,
Partout désertant les provinces,
Voler vers ces heureux climats
Où, pour expier notre crime,
Un Dieu se fit notre victime
Et subit un affreux trépas.

Soutenu du Dieu des batailles,
Contre des flots de Sarrazins,
Gaucher (1) renversa les murailles
De ces infidéles humains;
Guidé par la gloire à Bouvines,
Il accelera la ruine
De tous ses fougueux ennemis;
A son invincible courage,
Les François durent l'avantage
De les voir vaincus et soumis.

Que la fable nous vante Alcide
Comme un modèle de guerriers,
Un héros non moins intrépide
Mérite les mêmes lauriers;
C'est vous, illustre connétable (2),
Une valeur incomparable,
Un zèle admiré sous cinq rois
De la postérité dernière,
Vous assurent l'estime entière
Lorqu'elle apprendra vos exploits.

Porté sur les brillantes aîles
De la grace et de la vertu,
Dans les demeures immortélles
Charles (3) triomphant fut reçu;
Malgré les trompeuses délices
D'une cour où régnaient les vices,
Il sçut en preserver son cœur,
Et, dès sa plus tendre jeunesse,
Allier l'austère sagesse
Avec l'éclat et la grandeur.

(1) Gaucher de Chastillon, quatrième du nom, fit des prodiges de valeur au siége d'Acre et à la bataille de Bouvines.
(2) Gaucher, cinquième du nom, fut connétable sous cinq rois de France.
(3) Charles de Blois de Chastillon, duc de Bretagne, vécut saintement et fut mis au nombre des saints.

Héritier des talens sublimes
De ses ancestres généreux,
Alexis (1) suivit leurs maximes
Et se fit admirer comme eux;
Louis, que guide la prudence,
Lui remit le sort de la France,
Le plus cher de tous les depôts,
Et, sous un gouverneur si sage,
Voulut qu'il fit l'apprentissage
Des vertus qui font les heros.

Que sur cette race chérie
Le Dieu dispensateur des jours,
Pour le bonheur de la patrie,
Hélas! daigne veiller toujours!
Vœux superflus! douleur cruelle!
La mort dans la nuit éternelle
Plonge un Achille avant le temps (2)!
Ainsi qu'une brillante rose
Est moissonnée à peine éclose
Dans les beaux jours de son printems.

Sur un destin si deplorable
Nous devons repandre des pleurs,
Et de la Parque impitoyable
Toujours detester les rigueurs;
Mais modérons notre tristesse,
Puisqu'en vous, auguste Princesse,
On voit revivre vos ayeux;
Leur sagesse est votre partage,
Et ce précieux appanage
Est le plus riche don des cieux.

Quelle plus illustre alliance
Eût été l'objet de vos vœux?
Par ses vertus et sa naissance
BETHUNE (3) a dû former vos vœux....

(1) Alexis, duc de Chastillon, pair de France, fut gouverneur de Mgr le Dauphin, mort en 1765, le 20 décembre.

(2) Louis Gaucher de Chastillon, frère de Mme la princesse d'Henrichemont, duchesse de Sully, mourut de la petite vérole, en 1763, âgé de 24 ans

(3) Maximilien-Antoine-Armand de Béthune, duc de Sully, pair de France, prince souverain d'Henrichemont et Boisbelle.

Quel souvenir ce nom présente !
Ta mémoire est toujours recente ;
Tu vivras éternellement,
Grand ministre ; ta politique
De la félicité publique
Fut le principal instrument.

Oui, fameux Rosny, sur tes traces
Marche encor ta postérité :
Avec ta valeur et tes graces
Elle aura l'immortalité.
De ta tige en heros feconde,
Je vois, pour le bonheur du monde,
Sortir d'aimables rejettons ;
Dans leur sang ils ont des modèles :
Qu'ils soient imitateurs fidèles
Des Béthunes, des Chastillons.

FIN.

Bourges, E. Pigelet, imprimeur, rue des Arènes, 33.

Iʳᵉ LISTE DE SOUSCRIPTION

A L'HISTOIRE DU ROYAUME DE BOIS-BELLE.

Mgr l'Archevêque, 15 exemplaires. — M. Tourangin, 15. — M. le Préfet du Cher, 10. — Mme Paulze-d'Ivoy, 1. — M. le baron Augier, 1. — M. le comte de Boisredon, 1. — M. Huttemin, 1. — M. Bourdalouë, 1. — M. Brunet, conseiller, 1. — M. Hiver, 1. — Mme de Berville, 1. — Mme la baronne de Bonnault, 1. — Mme de Lavèvre, 1. — Mme Ph. Soumard, 1. — Mme la comtesse de La Guère, 1. — M. Gangneron (Henri), 1. — M. de Brimont, 1. — M. Rousseau, 1. — M. Massé, 4. — Mme Ch. Pascaud, 1 — La Sœur Sainte-Flavie, prieure de Soz, 1. — M. Des Noyers, 1. — M. le directeur de Sainte-Marie, 1. — M. Crochet, 1. — M. Paskiewicz, 1. — Mme Dubois du Coudray, 1. — M. l'abbé Courant, 1, — M. Roulhac, 1. — M. le Supérieur du Grand-Séminaire, 1. — M. le curé Raymond 1. — M. de Laumière, 1. — M. le Maire de Bourges, 5. — Mme Roze, 1. — M. Tardieu (Jules) de Saint-Germain, à Paris, 13, rue de Tournon, 1. — M. Boytière, conseiller général, 2. — M. Dechanet, 2. — Mlle Lamodière (Émilie), maîtresse de pension à Saint-Amand, 1. — M. de Borchgrave (Émile), à Paris, 22, rue Jacob, 2. — M. Ch. Barberaud, 1. — Bibliothèque de Besançon, 2. — M. le vicomte de Coulogne, 1. — Mme Blin, 1. — Mme Bazennerye, 1. — M. Choquet, 1. — M. Desdouits, 1. — M. Raynal, à Paris, rue du Bac, passage Sainte-Marie, 3. — Mlle Chaumont, 1. — M. Moreau, aumônier de l'hôpital de Saint-Amand, 1. — Mme la marquise de La Roche, 1. — M. le comte de La Roche, 1. — M. le vicomte de La Roche, 1. —

M. Mazera (Paul), 1. — Mlle Mazera (Gabrielle), 1. — M. le baron de Kinner, 1.— M. le curé de Saint-Amand, 2. — Un comité littéraire de Saint-Amand, 1. — M. le vicomte de Melun, à Paris, 1. — M. le comte A. de Moustier, à Paris, 82, rue de Grenelle-Saint-Germain, 1.—M. Perdriget, curé de Veuil, 1.— M. A. Panarion, sous-inspecteur des forêts à Dôle, 1. — M. le marquis de Vogüé, 5. — M. le comte Melchior de Vogüé, 5. — M. Pallu, bibliothécaire à Dôle, 1. — M. l'abbé de Vaulchier, vicaire général, à Dôle, 1.—Mme Clément, à Bigny, 1.—M. Bonnelat (Ernest), 5.—Mme de Montferrand, à Crésançay près Bigny, 1.— Mme veuve Bidault, 1.—Mme Chénon, épouse de M. Chénon, avocat à Bourges, 1. — M. Lhomme, aumônier du Lycé e de Châteauroux, 1. — M. Perdriget, 1.—Un notaire de Levroux, 1.— M. de Bardonnet, sous-préfet, 1. — M. Bouquet, maire d'Henrichemont, 1. — M. Barrière, juge de paix. 1. — M. Bouquet (Prosper), 1. — M. Guillon, percepteur, 1. — M. Deschamps (Auguste), 1. — M. Gaucher (Narcisse,) 1. — Mme Gromet, 1. — M. Beaubois-Talbot, 1.—M. Bédu-Loiseau, 1. — M. Gaucher-Gaucher, 1. — M. Barrière (Henri), 1. — M. Godon (Jean), 1. — M. Lesvassor-Depont, 1. — M. Gaucher (Justin), 1. — M. Dumas (Cantin), 1. — M. Deschamps-Ladet, 1. — M. Garsonnin, 1. — Mlle Chesneau, 1. — M. Pichot-Vigoureux, 1. — M. Talbot, huissier, 1. — M. Guibert, greffier, 1. — M. Germain Chollet, 1.—M. Chaboureau, 1.—M. David (Julien), 1.—M. Pelencière (Frédéric), 1. — M. Dumas (Jullien), 1.—M. Vacher-Vigoureux 1. — Mlle Gessard (Blanche), 1. — M. Dubois (Cantin), 1. — Fournier, 1. — Mme Talbot, 1. — M. Aubry Cyprien, notaire, 1.—M. Blanchet, notaire, 1. — M. Deschamps-Foucher, 1.—M. Barrière (Adolphe), 1. — M. Loiseau-Pivet, 1. — Mme Maimberay, 1 — M. Théodore Gaucher, 1. — Mme Félicité Gaucher, 1. — M. Trémeau, adjoint, 1. — M. Trémeau fils, 1. — M. Gauchery, médecin 1 — M. Pizon, 1 — Mme Virginie Deschamps, 1. — Mme Clavier, 1. — Mme Gimonet (Angèle), 1.— M. Dumas (René), 1. — Mme Perrin, 1. — M. Muraour, 1. — M. l'abbé Boissier, vicaire, 1. — Mme Bertrand, 1. — M. Pizzetta, 1. — M. Fouchet, 1. — M. l'abbé Courtier, 7.—M l'abbé Perrot, curé d'Achères, 1. — M. l'abbé Sergent, curé de Nançay, 1 — M. Leliè-

vre, curé du Châtelet, 1. — M. Divernaut, curé d'Arcomps, 1.—
Mme veuve Robin, de Vierzon, 1. — Mme Aubrun, de Bourges ,
1. — Mme Gasnier de Massay, 1 — Mme Avon de Massay, 1. —
Mlle Bougeret, de Massay, 1. — M. Michau-Parendeau, de
Massay, 1. — M. Thébault, percepteur de la Chapelle, 1. —
Mme Déséglise, dIssoudun, 1. — Mme Hache, de Vierzon, 1. —
M. Trumeau, de Neuvy-saint-Sépulcre, 1. — M. Trumeau, curé
de Saint-Christophe de Chateauroux, 1. — M. Robert père, de
Massay, 1. — M. Augier (Edmond), 1. — Mme Aubertot, à
Bigny, 1. — M. Haignéré, à Paris, 1. — Mme de Jupille, à
Saint-Amand, 1. — Mme Guénin (Auguste), à Saint-Amand,
1.—M. Bisard, à Saint-Amand, 1.—M. Malla, à Saint-Amand, 1.

ERRATA.

Pages   2, ligne 21. lagrande, *lisez :* la grande.
—   3, ligne 7. « qu'en deçà, *lisez :* qu'eh deçà.
—   4, ligne 14 de la note. Piéces du procès, *lisez :* Pièces
     du procès.
—   4, ligne 15 de la note. Déposée au Conseil d'État,
     lisez : déposées, etc .
—   6, ligne 6. l'abodialité, *lisez :* l'allodialité.
— 15, ligne 6 de la note. Deo soli, *lisez :* Deo solo.
— 18, ligne 4. relève, *lisez :* relevait.
— 20, ligne 23. Renier Pot, *lisez :* Regnier Pot.
— 27, ligne 24. J'étais allé, *lisez :* J'étais allée.
— 33, ligne 11. colledes, *lisez :* colle des.
— 33, ligne 13. parl'autorité, *lisez :* par l'autorité.
— 33, ligne 14. uridiction royale, *lisez :* juridiction royale.
— 45, ligne 26. la tenai, *lisez :* la tenait.
— 46. ligne 2 de la note 2. ue la justice, *lisez :* que la justice.
— 49, ligne 8. Henri II, descendait, *lisez :* Henri II descen-
     dait.

Pages 50, ligne 1re. des alliances, *lisez* : alliances.

— 54, ligne 2 des notes. Louis XI, (*Origine*, etc., *lisez* : Louis XI (*Origine*, etc.

— 54, ligne 4 des notes. Roosbecq Les armes, *lisez* : Roosbecq. Les armes, etc.

— 56, dernière ligne de la note. le gens de pieds, *lisez* : les gens de pied.

— 62, ligne 25. quatier, *lisez* : quartier.

— 65, ligne 1re de la note 2. Latour d'Auvergne, *lisez* : La Tour d'Auvergne.

— 65, ligne 2 de la même note. crenelée, *lisez* : crénelée.

— 67, ligne 2. labaronnie, *lisez* : la baronnie.

— 92, ligne 11. prince Condé, *lisez* : prince de Condé.

— 99, ligne 12. se grèvent par bâtir, *lisez* : se grèvent pour bâtir.

— 108, ligne 23. horizon quelle avait, *lisez* : horizon qu'elle avait.

— 126, ligne 7. Cents lances, *lisez* : cent lances.

— 200, ligne 24. soufrance, *lisez* : souffrance.

— 206, note 3. Tobiezen Buby Lelewel, *lisez* : Tobiezen Duby, Lelewel.

— 247, ligne 2. s'en presque s'en douter, *lisez* : sans presque s'en douter.

— 288, ligne 23. Vœu le contrat, *lisez* : Veu le contrat.

— 293, ligne 41. nécessaies, *lisez* : nécessaires.

Partout où il y a Amanien d'Albret, c'est Amanieu d'Albret qu'il faut lire.

Bourges, Imp. de E. Pigelet, rue des Arènes, 55.